北朝鮮・驚愕の教科書

宮塚利雄　宮塚寿美子

文春新書

557

北朝鮮・驚愕の教科書　目次

はじめに——北朝鮮というパンドラの箱の正体

拉致、核実験、餓死、偽札の印刷、偽タバコの製造、麻薬・覚醒剤の密輸、生物・化学兵器の開発、ミサイル発射、不審船、金融制裁、公開処刑、強制収容所、美女軍団、喜び組、マスゲーム、コッチェビ（浮浪児）、脱北者、闇市……これはギリシャ神話に描かれた「パンドラの箱」の正体ではない。朝鮮民主主義人民共和国という、日本からたった一〇〇〇キロメートルだけ離れた隣国の、これまで謎のベールに包まれてきた国の正体である。

北朝鮮は日本にとって地理的にも、歴史的にももっとも「近くて近い国」である。しかし、第二次大戦後の米ソによる東西冷戦体制の影響は、極東の朝鮮半島と日本にも及び、朝鮮半島は韓国と北朝鮮の二つの国家に分断、アメリカの影響下にあった日本は韓国とは友好国となったが、北朝鮮とは互いに敵対する関係を余儀なくされ、「人と物の流れ」が極端に制限を受け、長いこと「近くて遠い国」として存在してきた。ところが、二〇〇二年九月十七日に、当時の小泉純一郎首相が国交正常化をはかるために、平壌を訪問し、金正日が拉致を認めた瞬間から、日本社会に時ならぬ北朝鮮ブームが沸き起こり始めた。新聞やテレビ各社（とくに民放テレビ局）は挙《こぞ》って、それまでかたくなに閉ざされ、タブー視されてきた、北朝鮮という「パンドラの箱」の国の正体をいっせいに暴き始めた。

「お化け屋敷」の興行主

はじめは珍しいもの見たさに、北朝鮮という、さながら「お化け屋敷」のような国を恐る恐る探検していたが、次々に映像などで正体が明らかにされてくると、「お化け屋敷」で演じられるおなじみの見世物や出し物にも慣れてきた。最近ではよほどの際物《きわもの》の見世物や出し物でない限り、日本人は動じなくなってしまった。たとえば、二十一世紀の今日において、十分な裁判も行わずに大勢の住民を強制的に動員して、残酷な公開処刑（銃殺）を見せしめに行う国は、北朝鮮や中国以外はほとんど見当たらないだろう。

もはや公開処刑というショッキングな映像を、民放のテレビ局が「独占スクープ入手」とセンセーショナルに喧伝し、茶の間で見せつけても、時代劇の「磔《はりつけ》獄門」場面や、連日のようにイラクにおける爆撃やテロで無残に殺されていく人々の映像を見慣れている日本人は、ちょっとやそっとでは驚かなくなってきている。

つまり、最初は恐々としながら見ていた北朝鮮という「お化け屋敷」の正体も知れて、公開処刑や強制収容所などといったおどろおどろしい出し物や、喜び組や美女軍団などの荒唐無稽なショー、そして今や北朝鮮の最高権力者の金正日以上に有名になった、シャーマンの祈禱のような口調でニュース原稿を読みあげる、朝鮮中央テレビのあの名物おばさんアナウンサー、李春姫さんのことなど、際物ショーへの興味も薄れてくる。しかも日本政府が北朝鮮に対する経済制裁の一環として、「ぜいたく品」の輸出禁止品目の選定にあたって、金正日の料理人であった人物の著書を参考にしたことなどが、まことしやかに伝えられると、「お化け屋敷」への探検心も薄れてしまいそうだ。

しかし、「お化け屋敷」の興行主は『映画芸術論』（朝鮮労働党出版社　一九七三年）なるものを著すほどの才能の持ち主であるから、したたかな演出者でもある。普段はおどおどした話しぶりで風采があがらないが、ひとたびマイクを前にすると、「人民が飢えているのは承知しているが、今は強盛大国実現のために、核兵器の開発をしなければならない」と平然と嘯《うそぶ》き、無辜の人民の艱難辛苦を横目に、巨額の資金を投じてミサイル発射を行って、世界中から顰蹙《ひんしゅく》を買っている。

しかもこの興行主は大胆不敵にも二〇〇六年十月九日に、地下での「小規模な核実験」(一部には核実験ではなかったと否定する説もあるが)を演出した。

まず十月三日に、「朝鮮半島では、米国の増大する核戦争の脅威と制裁圧力により、わが国の安全が侵害され、民族の存亡を決する情勢が生じている」とし、「諸般の事情のもと、我々は事態を傍観できなくなった。(中略)戦争抑止力を強化する新たな措置を取ることに関連し、厳かに明らかにする。第一に、北朝鮮科学研究部門は今後、安全性が徹底的に保証された核実験を行うことにする」という、核実験宣言を、外務省声明として発表した。

さらに、十月九日には「地下核実験を安全に、成功裏に進行した」と朝鮮中央通信社が発表した。

弱者の恫喝ショー

「お化け屋敷」の興行主の、いつもながらの瀬戸際での「恫喝外交」に、世界は唖然としたが、興行主は至極ご満悦であった。自分の打った「地下核実験」興行を巡り、「朝鮮人民の不倶戴天の敵」のつもりでいるアメリカとその走狗の日本、それに友好国と信じている中国やロシア、さらには同族の好《よしみ》もあり、北朝鮮の核は日本やアメリカに投下されても、よもや自国には絶対に落とされないと信じて疑わない、「核不感症」の韓国までもが、実験阻止や実験後の対応策をめぐり右往左往するあわてぶりを見て、「己の存在の大きさ」を錯覚してしまった。

極東の小国の裸の王様のショーは、世界を当惑させただけの、弱者の恫喝ショーにすぎないのに、本人は至極満足している。

ところで、「お化け屋敷」の怪奇はこれだけではない。朝鮮民主主義人民共和国と言いながらも、民主主義は存在しない不思議な国である。金日成の還暦を記念して一九七二年四月に万寿台の丘に建てられた、高さ二〇メートルの銅像をはじめとして、国中至る所に金一族の銅像や胸像が立ち並び（なぜか金正日の銅像はないようだが）、金一族にゆかりがあるとして捏造された革命記念館・博物館・史跡・戦績地などの建造物は優に三千以上にもおよんでいる。

また、国民は金正日以外の全員が胸（心臓部）に金日成や金正日バッジを付けることを義務付けられており（もともとは中国の毛沢東バッジを真似たもので、装着することは法律では定めてはいない）、各家庭や公共の建造物の一番目立つ所には必ず、金日成・金正日（一部には金正淑も）の肖像画が掲げられている。

このように家庭から職場、学校、軍隊、公共建造物、景勝地にいたるまで、国中がまさに「金サマだらけ」の「お化け屋敷」である。もう一つおまけに「お化け屋敷」の不思議を付け加えるなら、木戸銭には金日成の肖像画が描かれている紙幣はあっても、肝心の偉大な指導者同志の肖像画の入ったものはない。独裁国家の最高権力者なら、国家の顔である紙幣に、自らの存在を誇示するために、肖像画を刷り込むのが常套手段であるが、この独裁者は「お化け屋敷」の興行主になって十年以上もたつのに、未だにトレードマークの縮れ毛にジャンパー姿の一万ウォン紙幣を発行していない（現在発行されている最高額紙幣は五千ウォン。百、千、五千ウォン紙幣には金日成が描かれている）。これは忠孝精神に篤い興行主の判断なのか、それとも裸の王様の忠臣たちが、紙幣にまで描くほどの偉大な人物ではないとみなしているからなのだろうか。

実はこの謎を解き明かしてくれる報告書が最近、日本で暴露された。韓国の情報機関である国家情報院（かつては中央情報部とか国家安全企画部と呼ばれていた）が、一九九九年五月に極秘に作成し、大統領を含むごく周辺の四十四人だけに配布したといういわくつきの、

「金正日の精神分析」という調査報告書である。この報告書は韓国内の心理学者五人が、五ヵ月にわたり金正日の性格、認知、特性および将来の行動に対する分析を行い、その結果を七章にまとめたもので、その中で「金正日は父に認めてもらうために、朝鮮労働党で旺盛な働きぶりをみせる。71年に朝鮮労働党宣伝扇動部で活動を始めると、いかめしい建造物や、金日成の銅像を多く建てた。金正日は父に、尊敬と愛されたいという切望、劣等感と萎縮の両方を感じていたはずだ」（『週刊朝日』二〇〇六年十一月十七日号）との分析がある。

金正日の生家（小学一年生音楽「金正日将軍の歌」）

金王朝の台頭

「お化け屋敷」の興行主はあくまで、先代の社長が築き上げた家屋敷をそのまま引き継いだだけで、自分が「お化け屋敷」の当主になったとはいえ、所詮は親の威光を引き継いだだけの二代目に過ぎず、「先軍政治」なる独自路線を打ち出してはいるものの、これとて金正日の独自の思想や統治理念から生み出されたものではなく、金日成のやり方を踏襲しただけのものであることをみずからが知っているのだ。

北朝鮮は「金日成によって作られた、金日成およびその一族のための国」であり、金正日は「金王朝」の番頭にすぎないのだ。そのことを自覚している二代目は、本来ならもっとも切望する「主席」の座には就かず、ことあるごとに「遺訓政治」と金日成を前面に出している。金正日は、金日成のようなカリスマ性にも乏しく、風采も上がらず、人民からも声望がない。

そのため出生地がシベリアではまずいと考え、革命の聖地として創り上げた白頭山山麓の丸太小屋で生まれたと、小賢しく歴史的事実を捏造している。要するに、人民に忠誠心と神聖化を強制して、「偉大な指導者」と祭り上げられているだけの裸の王様であり、北朝鮮という「お化け屋敷」の主にふさわしい後継者でないことを、自らが一番良く知っているために、国の顔にもなれないのである。

「お化け屋敷」は一九四八年九月九日の建国以来、国中に張り巡らされた金一族への崇拝を強制し、飢えた人民に勤労と増産奨励などを呼びかけるスローガンであふれている。人民は「スローガンでは腹は満たされない。白いご飯を食べさせてくれ。これ以上スローガンはごめんだ」と叫んでいるのに、金正日は一向に耳を傾けるそぶりもない。

それどころか、今度は核保有国への仲間入りと金正日への忠誠を誓う、「核保有国になったという、五千年の民族史の中でも歴史的な出来事を輝かせよう！」「核保有国の誇りを抱き、先軍革命の総進軍に新たな拍車をかけよう」「核保有国の堂々たる矜持と自負心を抱き、帝国主義者たちのあらゆる挑戦を断固として粉砕しよう」など、威勢のいい大看板を、平壌市内や郊外の目立つところに掲げては、人民を奮い立たせようとしている。

まさに事ここに至り、「お化け屋敷」の命運もこれまでかと思われがちだが、そうでもない。なぜか「お化け屋敷」の興行主は日本に対してだけは強圧的で、しかも執拗である。

北朝鮮がいまだに誠意のある解決策を示していない、北朝鮮による日本人の拉致問題について真実の解明を提議すると、「まだそんなことを言っているのか、その問題はすでに解決済みではないか」と、一蹴するありさまである。

「反日」「嫌日」の思想教育

二〇〇六年四月十三日に、平壌で行われた会見で共同通信・加盟社代表団がこの問題に言及すると、宋日昊日朝国交正常化大使は「耳を傾けることができない。無駄なことだ」と非難し、日本政府の北朝鮮に対する圧力強化に対して「外交的、物理的、法律的に対応せざるを得ず、慎重に検討している」と答えている。日本政府と拉致被害者家族を冒瀆した、牽強付会の恫喝そのものである。

それればかりではない。九月二十日付けの「労働新聞」は「日本軍国主義者は百年来の敵」と題する論説を掲げた。曰く「今から百三十一年前、日本軍国主義者が朝鮮王朝政府を屈服させ、『江華島条約』を強圧的に締結する目的のもとに起こした『雲揚』号事件は、日帝の武力による朝鮮占領の序幕だった（中略）実に、『雲揚』号事件から始まった朝鮮に対する侵略と植民地化、恐怖政治、狡猾な文化統治、人的・物的資源略奪、朝鮮人に対する野蛮な弾圧と虐殺、民族文化抹殺策動など、過去に日本が犯した罪は枚挙にいとまがない。……こんにち、日本軍国主義者は海外膨張野望に浮かれ、軍国主義を鼓吹しながら朝鮮再侵略の刃を鋭く研いでいる。日本軍国主義者こそ朝鮮民族の不倶戴天の敵、百年来の敵である。朝鮮民族は日本の過去の罪を必ず決算するだろう」。

「百年来の敵」とか「日本の過去の罪を必ず決算するだろう」とは恐れ入ったが、「お化け屋敷」ができたのは、一九四八年九月九日であるから、「百年来の敵」ではないはずだが。「日本の過去の罪を必ず決算するだろう」とは常套句で、二〇〇二年九月十七日の「日朝平壌宣言」にも盛り込まれており、一九六五年の日韓条約締結時に、日本が韓国に援助した有償・無償五億ドルの金を、自分らも請求するということである。

さらに日本が二〇〇六年九月十九日に北朝鮮に経済制裁を発動すると、「日本の今回の朝鮮に対する制裁騒動は、米国の対北朝鮮敵視政策に追従して上司の機嫌を取ろうとする政治的醜態以外の何ものでもない。（中略）われわれは、日本の挑発的で汚い醜態を傍観しないし、必要な措置を引き続き強化するであろう」（「朝鮮中央通信」二〇〇六年九月二十三日）と、日本に対しては「傍観せず、必要な措置を強化」すると居丈高である。

いったい北朝鮮はなぜ、日本に対しこのように理不尽で不遜な、「日本敵視」（北朝鮮式の表現であるが）政策をとり続けるのだろうか。北朝鮮のこのような反日・嫌日意識構造は今に始まったものではなく、その淵源も根深いものがあるはずだ。

人民大衆に広く「反日、嫌日」の思想や感情を醸し出させ、根強く浸透させていくためには、思想・洗脳教育を徹底させるしかない。

敵意丸出しの内部文書

筆者は長年にわたり北朝鮮の出版物や日常雑貨品などを、中国と北朝鮮の国境踏査の時や、韓国や日本の北朝鮮書籍センターなどで蒐集してきたが、北朝鮮において人民に反日的な感情や思想を植えつける、もっとも基本的でありながらも決定的な役割をはたしている、二つの出版物に出会った。一つは北朝鮮の朝鮮労働党出版社や朝鮮人民軍出版社、鉄道省出版局などの各省庁や部署が発行する「内部文書」であり、もう一つが本書のテーマである小学校の「教科書」であった。

朝鮮人民軍出版社が発行する「内部文書」は、世界一の軍人大国といわれる北朝鮮の、陸海空軍の百十七万人の軍人を対象に配布されており、朝鮮労働党出版社の内部文書は主に北朝鮮の核心的構成員である朝鮮労働党の党員や一般大衆を対象としたものである。内部文書は「学習提綱」「教習提綱」「煽動資料」「解説資料」「講演資料」「講演提綱」「教養資料」などと呼ばれており、金正日や労働党による「教示」を解説し、周知徹底させることを目的としている。また対象者も「兵士・士官用」「幹部」「群集」「一般」「勤労青年用」「党員および勤労者」「工場、企業所用」などと内容によって対象を限定しているものが多い。「講演後、回収すること」と但し書きされたものもある。

内部文書の文言はかなり過激である。

「アメリカ大統領のブッシュ野郎は、もともと自分の親父野郎に似て、極悪な戦争狂信者だ。九月十七日に敬愛する最高司令官同志にお会いするために、日本の総理野郎が白旗を掲げて平壌にやってきた」（「変化する情勢に高い階級的視点と革命的原則性をもって鋭く対応しよう」朝鮮人民軍出版社　二〇〇二年）と、ブッシュ大統領と小泉首相（当時）を口汚く罵っている。

内部文書は日本に対しては敵意丸出しで、語気も強い。朝鮮人民軍出版社が二〇〇六年に発行した「学習提綱」（軍官・将校用）の「現情勢の要求に合わせ自己の戦闘準備を隙なく完成させることについて」を見てみよう。

「日本の反動らの侵略活動も非常に危険な段階に入った。わが共和国を海外侵略の最初の攻撃対象と定めた奴らは、その実現のためなら手段と方法を選ばない。現在、奴らは対朝鮮打撃体制樹立策動に熱を上げている。これはわれわれを侵略するための作戦樹立と、それに伴う侵略武力の質的強化、偵察活動などを基本内容としている。（中略）われわれが対決しなければならない相手は、世界反動の元凶である米帝と日本の反動、そして南朝鮮の傀儡である」

入手困難な教科書

軍人や一般人を対象とした内部文書にも仰天するが、筆者が入手した小学校の教科書に記された反日教育の実態は内部文書の比ではない。「三つ子の魂百まで」ではないが、その内容は「ここまで書くのか」の一言に尽きる。

ところで数年来、韓国や中国から日本の歴史教科書の記述が正確ではないとの批判が相次いでいる。この批判への検討と対応と合わせ、これらの国々の歴史教科書が日本をどのように記述しているかについても、詳細に分析する作業が行われている。

それによると、日本糾弾の急先鋒である中国の歴史教科書は、日本の対中侵略の罪ばかりを糾弾する偏狭なナショナリズムを培養する内容で貫かれている（袁偉時『中国の歴史教科書問題』日本僑報社　二〇〇六年）。韓国の教科書にいたっては「史上類例のない『日帝』の蛮行を詳細に叙述して、生徒たちの心に日本に対する敵愾心を植え付け、誇張された対日抵抗運動との同一化をはかることによって、民族主義を学ばせる道をとった。いわば歴史の歪曲である」（横田安司「『韓国の歴史教科書に歪曲はない』と言われたら」鄭大均・古田博司編著『韓国・北朝鮮の嘘を見破る』文春新書　二〇〇六年）との指摘もある。

筆者は書店や図書館で日本を記述した外国の教科書や、これらを分析した論文などに目を通したが、不思議なことに中国や韓国とならび、日本の教科書批判の急先鋒であった北朝鮮の教科書や教育事情などを紹介した文献類には、一冊（李東一編訳『北朝鮮の歴史教科書』徳間書店　二〇〇三年）を除いてついぞ接することはなかった。

物理の教科書

この理由は明らかである。日本の研究者が北朝鮮の歴史教科書などを論じたくても、北朝鮮の教科書を入手することが困難であるために、論じることができないのである。

筆者は自他共に認める「北朝鮮グッズの蒐集家」であるが、北朝鮮の教科書の蒐集は容易ではなく、また入手した教科書を見て心が重くなった。読んでいくうちに、この教科書ならば北朝鮮の小学生が、日本に対して反日どころか、嫌日的な感情を持つのも、むべなるかなと寒心せざるを得なかった。

本書は筆者が十年以上の歳月をかけ入手した、北朝鮮の教科書の内容を満を持して明らかにしたものである。それでは読者諸氏を北朝鮮の小学校の、国語と音楽の教科書の世界に案内しよう。

第一章　北朝鮮の「反日」教科書の正体

一　貴重な教科書

私が北朝鮮の教科書に初めて出会ったのは、一九九五年の中朝国境踏査時に、北朝鮮と密貿易をしていると自己紹介した、鴨緑江流域に住む朝鮮族の密輸ブローカーの家に行った折りのことであった。一九九一年に二回、北朝鮮を訪ねたが、翌九二年からは入国が認められなくなり、やむを得ず中朝国境を流れる豆満江と鴨緑江の中国側から、北朝鮮を観察することになった。

今でこそ中朝国境には日本や韓国からの観光客やマスコミが押し寄せるようになったが、私が行った頃は道中で日本人や韓国人と出会うことはほとんどなかった。研究対象国である北朝鮮に入国できないということは、研究者にとっては致命的であると思われるかもしれないが、北朝鮮は違っていた。北朝鮮の表玄関である順安空港から入国しても、国内での移動や行動の自由が制限され、観光客でも常に監視される国である。北朝鮮を研究対象にしている私にとっては、隔靴掻痒の感は否めなかった。中朝国境からの観察は「頭隠して尻隠さず」のたとえではないが、その時々の生の北朝鮮を直に見聞することができた。

とくに思い出に残るのは一九九五年に北朝鮮を襲った大豪雨である。農業と鉱工業に甚大な被害を及ぼし、それまでは数えるほどしかいなかった脱北者が、それ以来急増し始めた。以前は牧歌的という言葉があてはまる、きわめてのんびりとした雰囲気にあった国境の川・豆満江と鴨緑江は、にわかに緊張感を増してきた。

私が初めて行った頃の中朝国境はのんびりとしており、中国の公安や税関関係者も、まさかこんな辺境にまで外国人が来ることはないだろうと安心していたのか、外国人だからといって警戒されることはほとんどなかった。今ではビデオカメラを構えただけでも監視の対象とされてしまうが、当時はビデオ撮影はもちろんのこと、官公庁の建物にもさほど気兼ねなく出入りすることができた。

密輸ブローカーに発注

十五年にわたる中朝国境の踏査で、「やった、これはすごい」と、われながら思わず興奮したことや、反対に「これはやばい」とヒヤリとしたことは幾度となくあった。しかし、ある時、密輸ブローカーが家族を部屋から外に出してきたあと、おもむろに出してきたいくつかの北朝鮮の品々のなかから、「これが、川向こうの村で使われている教科書です」と見せられた時、私は全くと言っていいほどに関心を示さなかった。

理由は簡単であった。あまりにも古ぼけており、しかも表紙もなく、紙質が悪いので字が翳《かす》んでいたり、何よりも変な臭いのするのが耐えられず、手に取るのもはばかられたほどである。一瞥もしなかったと言ったほうが正しいかもしれないが、蒐集家としては失格である。

密輸ブローカーもそんな私のそっけない態度に、不快感を示すでもなく一言「ピョンソ（便所）で使うか」と、土間に放り投げた。今から思うと「買っておくべきだった」と悔やまれるが、その時は持ち合わせていた資金が少なかったこともあり、私のお目当てはこの「臭いのする馬糞紙よりも劣悪な紙で作られた教科書らしき印刷物」ではなく、配給通帳や鉄道の切符などであった。

二〇〇五年末、このブローカーを訪ね「川向こうの村の教科書を探している」と言うと、以前のことを覚えていたのか「先生は川向こうの村の教科書には関心がなかったはずだが」と、含み笑いをしながら、机の引き出しから、新聞紙の包みを取り出した。このブロ

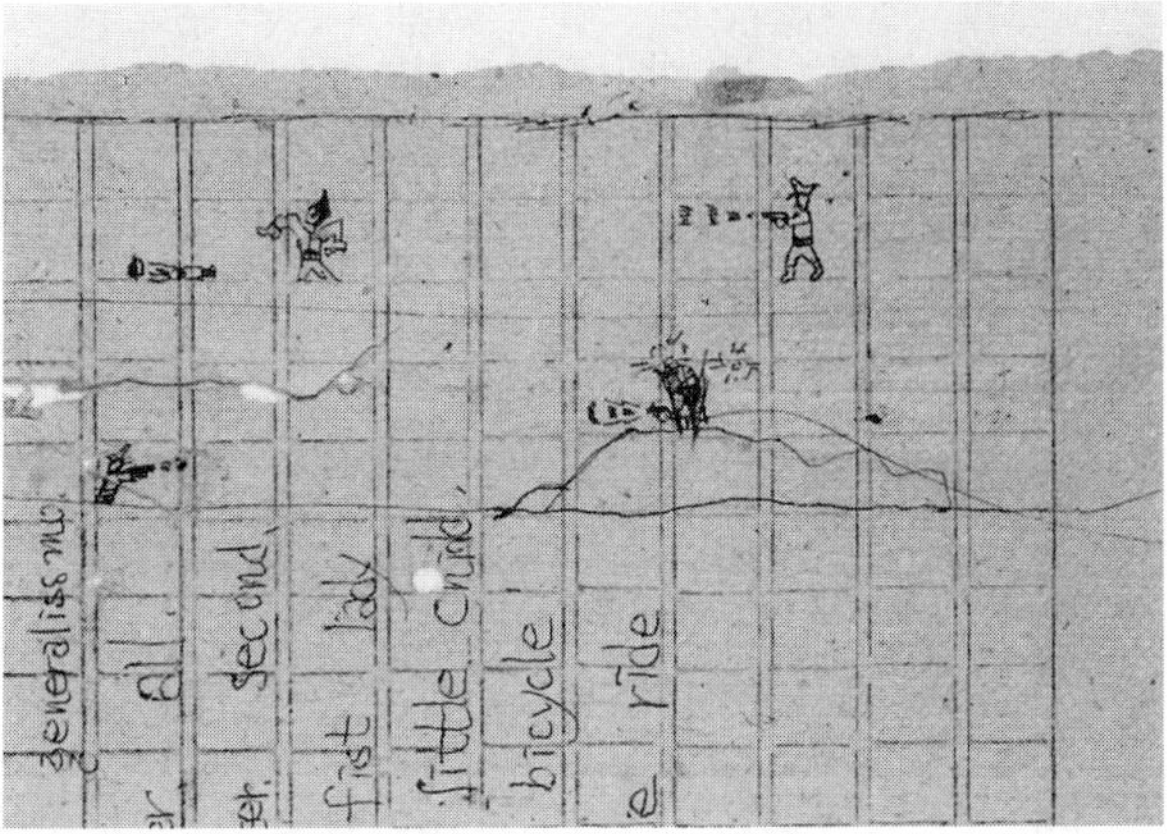

筆者が収集した英語の学習ノートに公開処刑の落書きが

ーカーには以前から、川向こうの村（北朝鮮のことを指す二人の合言葉）のモノの入手を依頼するときは、少なくとも三ヵ月位前から事前に連絡することにしていた。密輸ブローカーの話によると、「先生のいる日本や韓国なら携帯電話やファックスなどで、相手側にすぐにでも連絡できるだろうが、ここは川を挟んだ中国と北朝鮮の国境なので、そのような文明の利器を使うことはできない」とのこと。したがって私から「ブツ」のオーダーがあれば、密輸ブローカーか彼の知り合いが川を渡って向こうの部隊に行って、「ブツ」の交渉をしてこなければならず、時間がかかるからであった。私も一度小船に乗って川向こうの村の岸辺まで行ったことがあるが、気持ちのいいものではなかった。

包みの中には北朝鮮の袋に入った大豆と、小学校の国語の教科書四冊と、それに予想外であった小学校の「成績証」(通信簿)が入っていた。北朝鮮の教科書はこれまでも何冊か入手していたので、特別な感慨もなかったが、表紙に「ソハッキョ(小学校)」の文字を見て満足した。

北朝鮮は二〇〇二年九月から、それまで使用してきた「人民学校」を「小学校」に「高等中学校」を「中学校」に名称を変更した。私がこれまで入手した以前の教科書は「人民学校」と「高等中学校」のものがほとんどであったので、最新の教科書を入手できたのは正直うれしかった。

北朝鮮の「モノ不足、エネルギー不足」の影響は、教科書の世界にも及んでいた。金日成は「子供は国の将来を担う宝」であるとことさら強調し、この子供たちには「十一年義務教育、教育の無償制度」を実施すると謳ってきた。そして「医療の無償制度」とともに、「地上の楽園」北朝鮮の体制優位(すなわち金日成体制)を誇示するプロパガンダとして利用してきた。

しかし、「教育の無償制度」とは聞こえはいいが、実際には完全なる「無償」ではない(これについては第二章で詳しく説明する)。教科書や文房具などの学用品は、個人が自己負担

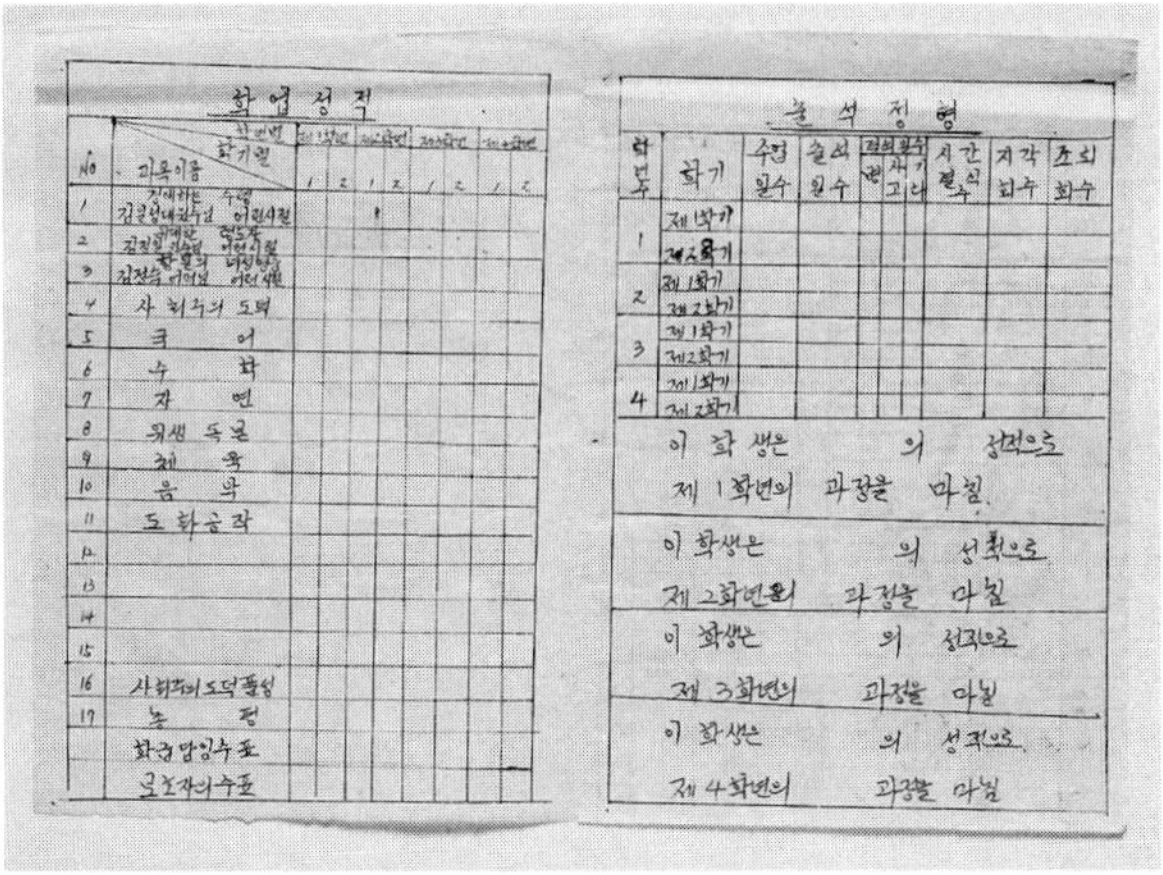

小学校の成績証（通信簿）

で購入しなければならないのである。しかも「朝鮮民主主義人民共和国教育法」第四一条には、「教育指導機関は教科書と参考書、課外図書、教育用録画物のようなものを、新学年度が始まるまでに供給しなければならない。機関、企業所、団体は教育図書出版用材を適期に、生産保障しなければならない」（『朝鮮民主主義人民共和国法典（大衆用）』法律出版社二〇〇四年八月）と規定しているが、経済破綻による慢性的な「紙不足」状況は、教科書の印刷・発行にも深刻な影響を及ぼしている。このため新学年度に真新しい教科書を手にすることができるのは、一部の地域の限られた子供たちで、そのほかの子供たちは新学年が始まっても、新しい教科書どころか古い教科書すら、まともに手に入れることがままならないのである。

名門モデル校の窮状

二〇〇六年四月一日、北朝鮮では幼稚園から大学に至るまで一斉に新学期を迎え、各学校で入学式が行われた。例年通り、朝鮮中央通信は「朝鮮全国の各級学校で新学年が始まった。平壌の金成柱小学校と金正淑第一中学校、両江道・三池淵郡の茂峰中学校をはじめとする小中学校と、金日成総合大学と専門学校などが開学式を行った」と伝え、朝鮮中央テレビは小学校一年生の入学風景を放映した。「金成柱」とは金日成の本名、「金正淑」は金正日総書記の母親の名前であり、「第一中学校」は普通の中学校とは違い、英才教育を行うエリート校である。「茂峰」は金日成が抗日ゲリラ闘争を展開した地域とされ、金日成が野営した跡地や、中国への渡河地点などの革命戦跡地なるものが保存されている、金日成縁《ゆかり》の地である（『故郷地名辞典（両江道）』科学百科事典出版社　二〇〇二年）。

いずれにせよこれらの学校は北朝鮮では名門中の名門校である。テレビでは新入生児童が、真新しい教科書やカバン、筆記用具を前に、さっそく新学期の授業に真剣なまなざしで取り組む姿が放映された。しかし、これら名門校といえども教科書不足の窮状は隠せず、二〇〇五年に金成柱小学校を訪問した宮塚（寿美子）が、二年前の教科書を使用しているのを目撃している。

平壌の名門校ですらこの有様であるから、地方の普通の小学校での教科書不足は、推して知るべしである。教室では二人で一冊の教科書を見たり、四〜五年前の教科書をそのまま使用しているのが現状である。私の手元にある古ぼけた教科書には三人の異なる名前が書かれたものもある。地方などでは教科書や弁当も持たずに登校する児童もいる。

北朝鮮の教科書は国定教科書であり、全国一律に滞りなく配給されていることになっているが、これは建前であり、しかも「廉価販売」であって、日本のように「無償配布」ではないのである（ちなみに日本で教科書の無償配布が始まったのは一九六三年からである）。

韓国が用紙を援助

北朝鮮では教科書は貴重な存在である。十一年間の義務教育期間中、子供の教科書確保に奔走したという脱北者の話を聞いたことがあるが、教科書の販売期間中に購入できないと、市場に行って高いお金をだして教科書を買って来たこともあるという。

北朝鮮の教科書事情について、脱北者の証言がある。

私が精誠人民学校に通っていた頃は、一年ごとにきちんと新しい教科書が配布されていましたが、次第に紙不足が深刻な状況になってくると、下級生には上級生が使っていた〝お下がり〟が与えられるようになりました。

高等中学校に入ると、私の教科書も先輩のお下がりになりましたが、それでもまだ当時は一度か二度使ったものでしたので、それほどひどい状態のものではありませんでした。

しかし、状況は年を追うごとに悪くなり、私たち一家が亡命した一九九四年にもなると、人民学校では何度も使い回しした教科書を生徒に与えるようになっていたので、当然紙はボロボロ、しかも、それまで使った人が書き込みをするので、字がほとんど読めないようなひどいものも沢山ありました。

もうこれ以上は無理だとなると、新品がようやく配給されますが、それも到底生徒全員に行き渡るだけの数はありません。平均すれば、二人に一冊といったところなので、隣同士で教科書を見せ合って授業を受けることになります。

困るのは、家で予習、復習が思うようにできないこと。宿題があるときは、友だちの家に行っていっしょに教科書を見ながらやらなくてはなりません。

筆者が入手した文房具

学校の勉強に不可欠な教科書でさえこんな状況ですから、鉛筆やノートなどの文房具の不足といったら、これはもうたいへんなものでした。

中でもノートは、紙不足の影響が深刻で、新品のノートなど望むべくもありませんでした。

（呂錦朱著　宮塚利雄解説『「喜び組」に捧げた私の青春』
廣済堂出版　二〇〇三年）

筆者は北朝鮮でつい最近発行された、『日本語（自習用）』（第二自然科学出版社　主体九十五年＝二〇〇六年五月二十日　百八十ウォン）を見る機会があったが、日本のトイレットペーパーよりも、どす黒くて、もろく、質の悪い馬糞紙の再生紙であった（それも部分的に紙の色が微妙に違っていたり、滓《かす》が付いていたりしている）。

このように北朝鮮内で絶対的に不足している教科書

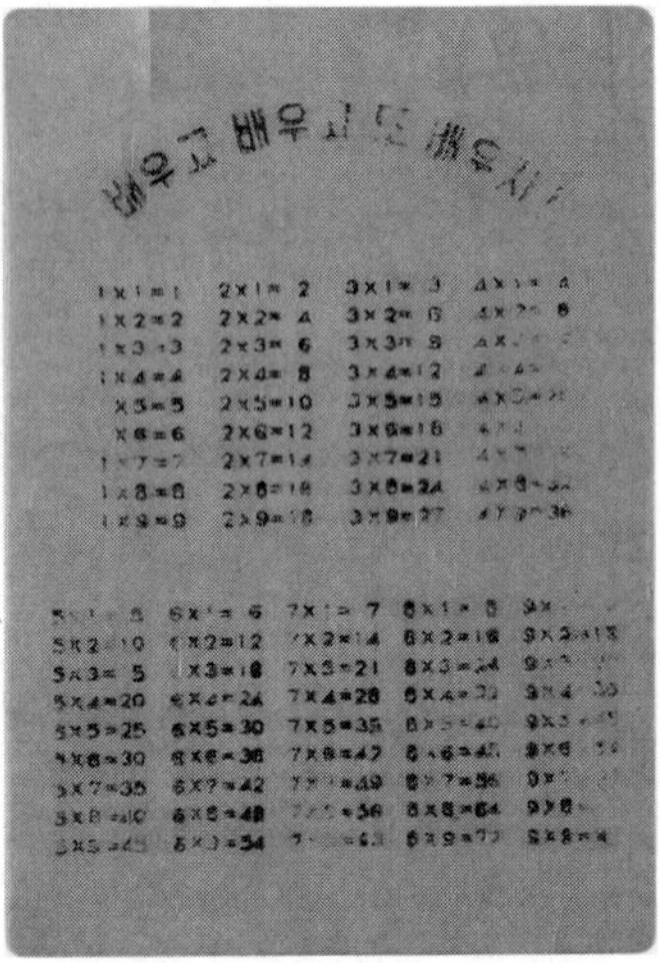

九九の下敷き

を、中朝国境にいる朝鮮族を通じて外部の者が入手することは、至難の技に近いと言っても過言ではない。最近では北朝鮮グッズの蒐集ブームもあってか、教科書は国境密貿易の〝貴重な取引商品〟になっているが、入手は相変わらず難しいようだ。

　このような北朝鮮の教科書不足を見かねたのか、二〇〇六年六月九日、韓国の「全羅北道教育庁」と、「わが同胞一つになる全羅北道運動本部」は、北朝鮮に教科書用の紙を送る募金運動を行い、集まった三百三十四トンを、仁川港から北朝鮮の南浦港に向け送り出した（「朝鮮新報」二〇〇六年八月十一日付け）という。韓国のこの団体は、北朝鮮の教科書が、韓国を「南朝鮮傀儡政権」とか「南の地」と呼んでも「韓国」とは教えていないことや、「南の地には未だ人民を搾取する地主が横行している」とか、「学校にも行けず、米兵の靴磨きやガム売りをしている、かわいそうな子供たち」「お金がないために学校にも行けず、校舎の窓から教室を覗いている子供たち」などと教え、事実と異なる歪曲した教育を行っていることを、知っているのだろうか。「敵に塩を送る」といえば美談になるが、はたして北朝鮮はこの団体の誠意に、「恩をもって報いる」のだろうか。いささか疑問である。

一国の顔

さて、しつこいようだが北朝鮮のいう「十一年義務教育」とは、完全な「無償教育」ではない。一九五九年十二月から始まった在日朝鮮人の北朝鮮への祖国帰還運動では、「誰もが無償で教育を受けることができる」と信じて、北朝鮮での新たな人生に夢膨ませた人たちも多かった。しかし、地上の楽園の国は教科書すら、まともになかったのである。

国家が教科書を無償配布するということは、どのような意義を持つのだろうか。次の文章を「無償教育」と嘯く北朝鮮の金正日政権と、学校に行きたくとも、まともに教科書すら手にすることのできない北朝鮮の子供たちに伝えたい。

食べるものにも窮した時代から、「日本の将来を切り開く教育にこそ投資を」と、まさに「米百俵」の精神で始まった教科書無償制度。(中略) 主権者である私たち国民の大事な税金から拠出され、「次代を担う子供たちの教育を確実に行う」という民意のもとで支給される教科書。(中略) 教科書は、その存在自体、納税の意味や哲学、日本がたどった歴史や世代間互助の精神を教える大事な教材だといえます。困窮する時代にあっても、明日に生きる教育投資を優先してきた精神こそ、日本が誇る国民性として意識的に伝承させるべき価値観ではないでしょうか。

(文部科学政務官・有村治子「教科書無償制の意義を伝えよう」『産経新聞』二〇〇六年四月十一日)

教科書は国の顔であり、知力でもある。北朝鮮の教科書が一体どのような顔をして、なにを伝えようとしているのか、小学校一年生から四年生までの国語と音楽の教科書から、知られざる北朝鮮の素顔を見てみよう。

二　小学校一年生の国語教科書

今から五十三年前、筆者は秋田県の山奥の小学校に入学したが、入学前に教科書を手にした時の興奮を、今でも覚えている。新しい教科書に出会った時の嬉しさと戸惑いは、北朝鮮の子供たちも同じだろう。

北朝鮮の小学校一年生の国語の教科書の表紙（次頁）は、三つ編みのお下げ髪に赤いリボンを結んだ、可愛い顔の女の子が「ウリナラ（わが国）」と黒板に書いている図柄だ。前年度に発行された国語の表紙も同じ構図であるが、女の子のヘアースタイルが、お下げ髪ではなく、おかっぱ髪に赤いリボンを付けている。

一年生の教科書には目次がなく、ただページ数が書いてあるだけだ。一ページは本を手にした新入生が先生と年上のお兄さん、お姉さんと一緒に笑顔で記念撮影している。女の子は民族衣装のセクトンチョゴリ（五色の継ぎ布の袖が付いた子供用の上着）にチマ（スカー

小学一年生の国語教科書

ト）を着ているが、前年度の教科書では洋服であった。二ページは入学式の時の歓迎風景であるが、女性の先生の服装が民族衣装であるのに対し、前年度では洋服である。同じように三ページの正しい座り方でも、女の子の髪型は前年度と違っている。

四、五ページからはいよいよ文字の勉強である。最初は日本語の「あいうえお」に相当する「アヤオヨ」の単母音（十個）の練習であるが、「アイ」（子供）の挿絵は機関銃や拳銃を持った男の子と、救急カバンを持った民族衣装の女の子（前年度は洋服）で、なかなか勇ましい絵である。

仰ぎ見る大元帥様

六ページからは「あかさたな」に相当する、「カナタラマバサ」の子音の練習が始まる。

一八ページからは日本語にはないパッチム（終声となる子音のこと。日本語は母音で終わるが、韓国・朝鮮語は子音または母音＋子音で終わる文字がある）の勉強に入るが、日本人はこのパッチムは書くのも、聞き取るのも苦手である。

さて、このパッチムの勉強で二二、二三ページに「ウォンスニム（元帥様）ウロロ（仰ぎ見る）ソルインサトゥリョヨ（新年の挨拶をいたします）」の文章が登場する。「ウォンスニム」の文字・言葉はこれからたびたび登場するので、ここで説明しておくことにする。

ウォンスニムとは「元帥様」の朝鮮語読みである。元帥は、軍隊における最高位であるが、北朝鮮の場合、元帥は階級ではなく称号である。一九九二年四月二十日に、党中央委員会・党中央軍事委員会・国防委員会・中央人民委員会の四機関の連名で、軍隊経験のない金正日に、「共和国元帥」の称号を授与した。金日成には同年四月十三日に「大元帥」の称号が授与されている。

したがって北朝鮮では「ウォンスニム」は金正日のことであり、「テウォンスニム」（大元帥様）とは金日成を指す。朝鮮人民軍の階級は上から大元帥、元帥（共和国元帥と人民軍元帥）、次帥、大将、上将、中将、少将、大佐、上佐、中佐、少佐、大尉、上尉、中尉、少尉、特務上士（士官長）、上士、中士、下士、上等兵、戦士となっている。

ところで朝鮮語では「元帥」「怨讐」「元首」「原水」は、ともに「ウォンス」(ueon-su)と発音するが、金日成の偶像化・神聖化の作業において、「元帥」も「怨讐」も同じ発音であることから、人民が「金日成元帥」を日ごろの不満や鬱憤をはらすために、「金日成怨讐」と呼ぶことを恐れ、怨讐をウォンスウ(ueon-ssu)と発音するようにしたのは、苦肉の策とはいえ、言い得て妙である。

二二ページの花籠のリボンには「敬愛する父金正日元帥様の健康を謹んでお祈りします」「敬愛する父金正日元帥様ありがとうございます」と書いてある。「敬愛する」は金正日に冠する尊称であるが、北朝鮮では「全知全能」「万事全能」の金正日に冠する尊称は、政治的・軍事的・芸術的・神格化した呼称にまで千以上にも及ぶという。

三二、三三ページに「ジョンイルボン（正日峰）　正日峰　私たちの誇り　正日峰」の文章が出てくる。ここでは「ジョンイルボン」の文字は太字である。金日成や金正日の文字を太字で書くのは、教科書に限ったことではなく、新聞や雑誌など全ての出版物では「金日成・金正日」の文字は太字であり、二人の「お言葉」（教示）なども太字で書く。

「正日峰」とは中国との国境にある白頭山（二七五〇メートル）の、小白水に聳える標高一七九八メートルの峰のことである。頂から三〇〇メートルほど平らに削り、そこに「正日峰」と大書された赤い文字が刻まれていることから、正日峰と呼ばれるようになったが、もとの名は「長寿峰」だった。

「正日峰の双子の虹」

スローガンの木の不思議

四〇、四一ページに「お姉さんが一つ一つ話します。クホナム(口号《クホ》の木《ナム》)を指しながら話します」が出てくる。「クホナム」とは、スローガンが書かれた木のことである。挿絵には「金日成大将万歳」「白頭光明星万歳」とある。「白頭光明星」とは金正日のことをいう。ここでは「クホナム」の不思議、まやかしについて説明しておく。

筆者も一九九一年に白頭山を旅行した時にこの「クホナム」なる、スローガンの木に出くわしたが、同行者の一人がどのようにして、このスローガンの木が発見されたのか、その経緯を案内者に尋ねた。それによると、この奇妙な木の発見を初めて報じたのは、一九八九年一月十一日の朝鮮中央放送であった。抗日パルチザンが解放前（一九四五年八月十五日以前）に、樹皮を剥いで金日成・金正日・金正淑を賞賛するスローガンを書いた木が、突如として二千五百本も見つかったというのである。

その後、このスローガンの木は白頭山一帯ばかりでなく、北朝鮮全域で先を争うかのように発見されることになるが、この白頭山の密営周辺にあるスローガンの木だけは、金日成と金正日の指示によって、スローガンの書かれた部分をガラスの枠で覆い、その上を防水シートでカバーするという永久保存の措置がとられた。しかも、このシートは電動式で上下に動かすことができるという念の入れようである。

抗日遊撃隊員が木々の皮を剥いで、そこにスローガンを書き込んだことは歴史的事実であるが、それが厳しい風雨や雪に晒されながら、五十年経っても肉眼で読めるほどに保存されてきたというのは、にわかに信じがたい。このスローガンの木が発見された時期、文字を判読するために発明された方法、そして保存方法のどれにも、どこか作為的なものが感じられる。

しかも、多少なりとも朝鮮半島の歴史について知識のある筆者に、その疑いを濃くさせたのがスローガンの内容であった。抗日パルチザンが樹木にスローガンを書いたり、彫ったりしたことは日本の官憲資料にも登場するが、この白頭山密営付近で発見されたスローガンは、日本の資料にある「日本ファシスト、軍閥を打倒せよ」「抗日大戦の勝利万歳」「朝鮮の青年よ、すみやかに来たり、抗日戦に力強く参加しよう」などといった、アジテーション的文句とは、全く趣を異にしている。

当時の服装をした案内役の女性係員の説明によれば、教科書の挿絵にもあるように「白頭光明星万歳」とか、「古今東西、天上天下にない世界一の偉人たちをここに記す。民族の太陽・金日成将軍とその陽光を引き継ぐ白頭光明星」とか、「ああ、朝鮮よ、白頭光明星の誕生を知らせる」など、抗日戦線を鼓舞するものより、金正日の出現を光輝く、神の降臨のように伝え、褒め称えることを目的としたものばかりであった。金正日は白頭山で生まれていないのに、なぜ金正日を賞賛するスローガンの木がなければならないのか。これではキリストの誕生にも劣らない個人崇拝ではないか、という疑問がわいてきた。

筆者のこの疑問に答えてくれたのは、韓国に亡命してきた北朝鮮人民軍特殊部隊の少尉であった、徐泰植であった。彼はスローガンの木のでっち上げ工作に参加した一人であった。

「この地域の山林に米帝の手先どもが潜伏し、共和国に対する破壊工作活動をしている兆候がある」という口実で住民の入山を厳しく禁止した後、山林に入り込み、適当な樹木を見つけては表皮を剝ぎ、金日成・金正日父子称讃のスローガンを彫刻したり書き込んだという。以上のような工作をした後、「調査対象地」という名目で住民の入山を三年間、禁止した。北朝鮮の山間地帯は気温差が激しい。三年も経てば、書き込んでおいた字も風雪雨で薄れ、「古く」見えるためである。三年が経過した八七年五月から八八年十二月にかけて、樹木の表皮をむきスローガンを書き込んだくだんの工作員たちが山林に入り込み、「スローガンの木」の発見、という仕組みになっていたという。

（全富億『金日成・正日の北朝鮮』日新報道　一九九一年）

各地で「発見」される口号文献

これならば素人にも理解できる。それにしても、北朝鮮では非常に貴重なガラスをふん

누나가 하나하나 이야기합니다. 구호나무를 가리키며 이야기합니다.
김일성대장 만세
백두광명성 만세
허리
호박
41

小学一年で学習する「スローガンの木」

だんに使ってまで、でっち上げのスローガンの木を保存している姿は異様としか言いようがなく、滑稽ですらあった。

北朝鮮の小学校一年生のなかには、先生からこのスローガンの木の話を聞いて、「そんな山奥の木にスローガンを書いて、いったい誰が読んだのだろうか」と疑問に思った子供もいるはずだが。

筆者の手元にある『わが革命の万年財宝』（朝鮮労働党出版社　一九九一年）なる大型で分厚い写真集は、スローガンの木の写真集である。『わが革命の万年財宝』を出版するにあたり」によると、一九九一年十二月末現在、両江道・咸鏡北道・咸鏡南道・慈江道・平安北道・平安南道・黄海北道・黄海南道・江原道・平壌市・南浦市など北朝鮮全土の九十九の市、郡、地域で「なんと、口号文献（スローガンの木）一万千数百点、六千六百二十余点の革命遺跡や遺物が発掘された」という。よくもこれだけの革命関連の「ブツ」が全国一斉に発見されたものだと驚くばかりであるが、更に驚いたのは偉大な首領金日成が、次のように教示なさったという件《くだり》である。「最近、全国各地で発掘されている革命闘争時期に書かれた、数多くの口号文献と革命遺跡、遺物などは、抗日革命闘争が全国的版図で、どれだけ幅広く、深度深く展開されたかということを実証してくれる、貴重な証拠物である」。

さらに親愛なる指導者金正日同志は、「今回発掘された口号文献を見ると、抗日革命闘争の時期に、革命闘志たちがいかに徹底した革命的首領観を持ち、首領様を高く崇め奉り戦ったかということをよく理解することができる」と指摘したという。

金父子はスローガンの木を利用して、金日成の革命闘争経歴を正当化し、あわせて金正日も抗日闘争の闘士であったということに結び付けることにより、金日成から金正日への「世襲」体制を確立しようとしていることが分かる。

このスローガンの木を見た農婦が、「この文字が書かれた頃には、この木は細かったはずなのに、どうしてこんな大きな字が書けたのだろうね」と、思わず素朴な疑問を同僚に発したのを聞きつけた案内員が、不穏な思想の持ち主として、その農婦を連行したという。金正日が生まれたのは一九四一年であるから、「まだ幼かった金正日がどうして抗日闘争ができたのだろうか」と、小学校一年生でも同じような疑問を持つだろう。

米国野郎をやっつけろ

四四、四五ページでは、子供たちが楽しそうに無線を使って戦車を操縦している。

コマ（ちび）タンク（戦車）が行く　僕らのタンクが行く　ミグンノムをやっつけて
コマタンクは行く

国語の教科書に初めて「ミグンノム」が登場する。ミグンノムとは「米国野郎」の意味である。子供たちが「戦車遊び」で、米国野郎をやっつける、とは穏やかでないが、北朝鮮の教科書には「ミジェスンニャンィノム（米帝獣野郎）」もたびたび登場する。

五〇、五一ページは「サンシュ」という、子音が二つ付いた文字の勉強である。

「誰が誰が磨いたの」
大元帥様が訪ねて行かれた私たちの村の教示処　丸く丸く丸い石　誰が誰が磨いたの
大元帥様を慕う私たちの心をこめて　ゆっくりゆっくり磨いたよ　皆が磨いたよ

挿絵にあるように子供たちが、卵のようなものを洗っているが、それは同じような大きさの丸い小石である。金日成の革命戦跡地や生家などにある、建物や案内板の下には必ずこの白い石が敷き詰められている。筆者は北朝鮮に行った時に、一つこの白い石を記念にと、そっとポケットに入れたが、同行の仲間から「宮塚さん、見つかったらやばいから止めたほうがいい」といわれて、もとにそっと返したことがある。二〇〇五年八月に金剛山に行った時も、金日成を賞賛する看板の下に同じような石があったので、宿屋までこっそり持ち帰ったが、宿帳のようなものに、白い丸い石を韓国に出国する時に持ち出してはいけない、と書いてあったので断念したことがある。北朝鮮では玉砂利ならぬ、卵形の丸い石をいちいち磨いているのである。

「誰が誰が磨いたの」（小学一年生国語）

　五四、五五ページからは複合母音の勉強で、「凱旋門」の文章。

「吉男よ、あそこに見えるのが凱旋門かい」「はい、凱旋門ですよ。敬愛する金正日元帥様がお建てになられた凱旋門はこの世で一番大きいです」

「本当に素晴らしいね」

「金正日元帥様がお建てになられた、この世で一番大きい」という、パリの凱旋門ならぬ北朝鮮の凱旋門の話である。この世で一番大きい凱旋門を建てた金正日は、偉大な人物であるということを教える文章である。大きいことは確かだが、このどデカい建物は歴史的真実を全く伝えていない代物である。金日成の七十歳の誕生日を記念して建てられたのが、高さが一七〇メートルの主体思想塔（塔の高さは一五〇メートルで、その上に取り付けられた烽火《のろし》の部分が二〇メートル）とこの凱旋門である。北朝鮮以外に外部の世界を知らない子供たちには、主体思想塔が高さを誇るとすれば、この凱旋門はさしずめ大きさを自慢する教材である。

凱旋門といえばパリのエトワールにある凱旋門が有名であるが、平壌にあるこの凱旋門はナポレオンの凱旋を記念して建てられたものよりも大きい。よく見ると朝鮮建築を取り入れた設計で、重厚な姿は見る者を感心させずにはおかないが、大きければいいというものではない。北朝鮮の資料によると平壌の凱旋門は高さが六〇メートル、幅五二・五メートルで、高さが四九メートルのパリの凱旋門よりも確かに高い。アーチ型の通路は高さが二七メートル、幅一八メートルもあり、バルコニーの上部壁面には幅二四メートル、高さ五・二メートルの花文装飾の額に「金日成将軍の歌」が彫られており、その左右には祖国の解放を告げるラッパ手の像が五・五メートル四方の銅板に浮き彫りされている。この凱旋門は平安南道から運んできた花崗岩一万五百余個を使い、一年二ヵ月余りで完成した。

事実ではない凱旋

工事期間中に「親愛なる指導者同志」金正日がたびたび現場にやってきては、いろいろ細かな点まで指示したという。「金正日元帥様がお建てになられた」という所以である。平壌の凱旋門は「偉大な首領様」金日成の凱旋を記念したもので、門の左右の柱には「一九二五」と「一九四五」の数字が刻まれている。一見しただけでは何の数字か分からないが、「一九二五」は金日成が故郷の万景台を離れた年であり、「一九四五」は抗日闘争の戦士を率いて凱旋した年であるという。

一九二五年に十二歳の金日成が、故郷を離れて満州に渡ったことは事実かもしれないが、一九四五年の祖国への「凱旋」については事実ではない。北朝鮮では金日成が朝鮮に帰国した日がいつで、どこに到着したかについて、国民は何も教えられてはいないだろう。小学校の先生も教室では、次のように教えるだろう。『金日成伝——生い立ちから祖国凱旋まで』（白峯著　金日成伝翻訳委員会訳　雄山閣　一九六九年）の「歓呼の嵐につつまれて」の項には、次のように記されている。

金日成将軍は抗日の勇士たちとともに祖国に凱旋した。心から待ちのぞんでいた民族の指導者をむかえる朝鮮人民は、感激の波濤に身をゆだねた。北のかなた白頭山から南は済州島の漢拏山にいたるまで、朝鮮の津々浦々がひとつの巨大な声となって、祖国に凱旋した民族の太陽金日成将軍を歓呼してむかえた。「金日成将軍万歳！」「朝鮮独立万歳！」虐待と苦役から民族を解放し、敵に死をあたえた金日成将軍——、三六年間を地獄のなかで生きてきた祖国に光明と自由をもたらした偉大な指導者金日成将軍——、領袖をむかえた朝鮮人民のよろこびはたとえようがなかった。

教師の話を聞いた児童たちは、日本軍をやっつけて、威風堂々と歓呼の中で帰国した金日成にさぞかしや思いをはせるだろう。しかし事実は、金日成は「帰国」したが、それも「こそこそした帰国」であって、「凱旋」ではなかったのである。

旧ソ連のハバロフスクの近くにあったビャック兵営村に造られた、「国際紅軍独立第八八特別旅団」（中国共産党所属抗日連軍教導旅団）の大隊長であった金日成が祖国に帰国したのは、解放から一ヵ月以上もたった九月十九日のことである。しかも、それは漁船を改造した軍艦プガチョフ号に乗っての寂しげな帰国であり、北朝鮮で伝えられているような大群衆の歓呼はなく、それどころか迎える者もいない、あたりをはばかるような雰囲気の中で、金日成は故郷の土を踏んだのである。しかも引率の責任者は大隊長である金日成ではなく、崔用珍なる人物であった。

すりかわった金日成

金日成は十月十四日に平壌市営運動場で開かれたソ連軍歓迎群衆大会に突如として登場した。ソ連占領軍司令部のロマネンコ少将は、金日成をもっとも偉大な抗日闘士として紹介し、北朝鮮の住民がこのような偉大な指導者を迎えることができたことを心から歓迎すると述べたのである。さきの『金日成伝』をふたたび引用しよう。

大会は午後一時にはじまった。大会議事の順序にしたがって、人びとが待ちこがれていた金日成将軍がりりしくも活気にみちた英姿を演壇にあらわした。その一瞬、歓喜の声が熱風のように満場を吹きぬけ、それはやがて熱狂的なかん声とかわり天地をどよめかせた。（中略）抗日闘争の鮮血にそまる十五星霜をたたかいぬいてきた金日成将軍――、その千軍万馬の将軍がいま三千万同胞のふところに帰って、花束につつまれてほほえんでいる！　群衆は歓呼をおくりながら感動の涙を流した。

たしかに、このように観衆の中には感激の涙を流した人もいただろうが、この「若き金日成」を疑って見ていた人たちもいた。

会場に割れるような拍手が起こり、興奮が渦巻いた。いよいよ「キム・イルソン将軍」の登場である。平壌グラウンドに詰めかけた市民のあいだに、一瞬緊張がみなぎった。平壌放送局の中継メンバーである金さんは、すぐそばの壇上を見つめた。ソ連軍将校のあいだに混じって登壇したのは、なんと三十半ばの髪を短く刈った背広姿の青年だった。市民のあいだに、ざわめきが広がった。白髪の老将軍と思いこんでいた「キム・イルソン将軍」は、なんと三十代の若者だったからである。金さんの側にいた中継メンバーの一人は「キムヘョン、イサンハダ、カチャアニヤ?」(金さん、おかしいぞ、偽者じゃないか)と、金さんの耳につぶやいた。金さんも、あの有名な「キム・イルソン将軍」とは似ても似つかぬ〝偽者〟と断定せざるをえなかった。今でも金さんの耳にはっきり残っているのは、その若者の言葉は、北地域の流暢な母国語ではなく、長く外国にいた朝鮮人の言葉だったという。このとき以来、平壌市内では「キム・イルソン将軍」の〝偽者〟が出現したというウワサが広がり、だれもがそう信じこむようになったという。

(柴田穂『謎の北朝鮮』光文社 一九八六年)

案内人の説明によると、凱旋門の北側の面の「金日成将軍万歳」と「祖国解放万歳」は、凱旋演説をおこなう金日成に歓呼を送る朝鮮人民革命軍隊員と、人民の感動的な姿を表現しており、南側の面の「将軍を仰いで」と「新しい国づくりのために」は、金日成の凱旋演説を支持して建党、建国、建軍の歴史的偉業に決起した朝鮮人民の熱情と新生活創造のたたかいをリアルに描いているとのことだが、バスから通り過ぎるだけの見物であるから、案内人の説明を聞いている人はほとんどいない。

北朝鮮の小学校の先生たちはこの「髪を短く刈って背広を着た若き青年」を、抗日ゲリラ闘争の闘士であり、朝鮮民族によく知られ、伝説上の人物とまで言われた「本物の金日成」と同じ人物である、として教えていることだろう。

金日成が四人いたということを証明したのは、韓国・成均館大学の李命英教授であった。教授によると「ソ連軍が一九四五年、北朝鮮に進駐したとき、あらかじめ彼らの意のままに動くように訓練した三十数人の朝鮮人に、将校の階級章をつけて引き連れたが、そのなかに『金日成』はいなかった」という。つまり、北朝鮮でいう金日成とは「本名が金聖柱（成柱とは別人）というソ連で教育と訓練を受けた人物で、ソ連軍の替え玉戦略で金日成となった人物である」。

憎き日帝野郎

五六、五七ページは「人民軍隊になるんだ」。

僕はね　なるんだ　人民軍隊になるんだ　僕たちの国を守る　人民軍隊になるんだ
僕はね　なるんだ　英雄軍隊になるんだ　偉大な将軍様の　英雄軍隊になるんだ

小学一年生国語の中扉

日本の父兄が見たら驚くだろうが、国民皆兵制の北朝鮮ならではの文章である。二千百万人の人口のうち、百十七万人が軍人という世界でも冠たる「軍人国家」北朝鮮である。幼い時から軍隊への憧れと、「英雄」になって金正日に忠誠心を培う意識を教え込むのである。

六〇、六一ページの「秘密連絡に行って来られました」に、「イルチェノム（日帝野郎）」が登場する。

お国のために戦われる　お父様を助けて　大元帥様は　秘密の連絡に行って来られました　イルチェノム（日帝野郎）を憎まれる　心を育まれ　大元帥様は　秘密の連絡に行って来られました

ここでいう「お父様」とは、大元帥様、すなわち金日成の父、金享稷のことである。金享稷について北朝鮮の資料は、「わが国の民族運動・解放運動の先覚者であられ、卓越した指導者であられた。先生は反日愛国思想が強く、とりわけ抜群の才能と高潔な品性を備えておられた。遠大な志を抱かれ、革命の道に踏み出された先生におかれては、早くも中学時代から反日闘争を指導なされ、一九一七年には『朝鮮国民会』を結成なされた。いたるところに学校を建てられ、後の世代を愛国主義思想と新しい知識を持つように教育なさることに全力を傾けられた」（『朝鮮中央年鑑』一九七〇年版）とあるが、これは事実ではない。「金亨稷は実際には、アメリカ人宣教師が建てた平壌の崇実学校の出身である。反日の民族主義グループに加わった可能性もあるが、いずれにせよ取るに足らない程度である（中略）。金日成の両親については、その生涯および革命運動への挺身がことさら詳細に語られているが、二人が革命運動に身を投じたという主張を裏付ける事実は、朝鮮内外のどんな資料にもまったく見当らない。金日成の両親は、当時の貧困と抑圧に苦しみ、子供たちにほとんど教育もまた親としての手助けもしてやれなかったごく普通の庶民であった」（『金日成――思想と政治体制』徐大粛著　林茂訳　御茶の水書房　一九九二年）のである。

子供たちに「父親を慕う心優しく勇敢な金日成少年が、危険もかえりみずに、秘密の連絡に行って来た話」を教える文章である。筆者の手元には金日成の誕生六十周年を記念して、在日朝鮮人の出版社「時代社」が発行した『画集「金日成首相伝」――不滅の叙事詩』がある。金日成が父親の膝に腰掛けている絵の「キム・イルソン首相は、幼少のころから朝鮮民族解放運動の先覚者であり、熱烈な愛国者であるお父さんのキム・ヒョンジクさんから愛国主義教育を受けました」という説明に、「この親にしてこの子あり」か、と感心したことを覚えている。

刷り込まれる先入観

小学校一年生に「イルボンサラム」（日本人）ではなく、いきなり「イルチェノム（日帝野郎）」とは、理解に苦しむようにも思えるが、すでに家庭での父母の会話や、テレビのドラマや映画などに悪逆非道な「イルチェノム」は幾度となくでてくるだろうから、子供たちは「イルチェノム」は聞き慣れており、抵抗感はないだろう。

「イルチェノム」とは「日本帝国主義者」の卑称であるが、教師は「帝国主義者」の定義をどのように教えているのだろうか。ところで、日本の小学校教科書に「帝国主義」なる単語はいつ出てくるのか、知り合いの小学校の教師に聞いたところ、「えっ、帝国主義ですか」としばらく考え込んで、「そんな言葉がでてくるはずがないでしょう。難しい言葉ですよね。北朝鮮だから小学校一年生にでも、そんな難しい言葉を教えるのではないですか。子供たちに帝国主義などという言葉をどのように教えるのか、是非見てみたいものですね」と答えた。筆者も勤務先の学生に「帝国主義って知っているか」と聞いたところ、

「帝国主義って」とこの学生もしばらく考えたのち、「時間を正確に守ることですか」と自信なげに答えたので、「そういう定刻主義もあるのか」と、私の質問が愚問であったことに返す言葉を失った。

きっと北朝鮮の子供たちは「ミジェスンニャンィノム（米帝獣野郎）」とか、「イルチェノム」を、正確な定義や意味はともかく、音楽のメロディーの感覚で覚えるのだろう。教える先生も熱が入ることだろう。

抗日闘争の歴史的大勝利

六二、六三ページは複合母音の「oieo」の勉強で、項目は「普天堡戦闘」である。国語の教科書に初めて出てくる歴史の記述である。

敬愛する首領　金日成大元帥様が　信号銃を撃たれました　タンタン、ドカーン　遊撃隊員たちは　普天堡のウェノム（倭奴）をことごとくやっつけました〈金日成将軍万歳！〉　人民たちは声をあげて万歳を叫びました普天堡戦闘とは、一九三七年六月四日夜、金日成の率いる第一路軍第二軍第六師の約二百名（九十名との説もある）からなる部隊が、満州との国境沿いの朝鮮国内の町普天堡を襲撃し、面事務所を襲い、駐在所や小学校、郵便局などを焼き払った事件である。普天堡は日本人二十六戸・五十人、朝鮮人二百八十戸・千三百二十三人、中国人二戸・十人が居住しており、駐在所には五人の警察官（うち二人は朝鮮人）がいるだけだった。金日成軍が機関銃二挺で襲撃をした。五人の警察官はみな逃げて身を隠したので、誰も死んでいないが、母親の背中におぶわれて退避した巡査の幼子が弾にあたって、死亡した。このほか、料理店経営者の日本人が居室で殺された。

北朝鮮はこの普天堡の戦闘を、金日成による抗日闘争の歴史的な大勝利ととらえている。

この日「金日成将軍は自ら朝鮮人民革命軍の一部隊をひきいて鴨緑江を越えて祖国に向い、日本帝国主義に重大な打撃をあたえた。普天堡における朝鮮人民革命軍の銃声は、日本帝国主義の暴虐な軍事警察の支配のもとに抑圧されていた祖国の地を震撼させた。金日成将軍が部隊をひきいて普天堡を攻撃したという知らせは、たちまちのうちに全国津々浦々にひろがった。」と、『金日成将軍略伝』はのべているが、それはまさしくそのとおりで、この戦闘を契機として金日成の名は全国につたわり、「金日成将軍」の名が生まれたのもこれ以後のことである。

（金達寿『朝鮮』岩波新書　一九五八年）

「革命軍が来たよ」（小学二年生国語）

北朝鮮は一九六七年六月に、普天堡に近い恵山市内に高さ三八・七メートル、長さ三〇・三メートルの「普天堡戦闘勝利記念塔」を建てた。筆者は中朝国境踏査の時、中国の長白市の郊外から川越しに恵山市を眺望したが、現地の案内人が少し上流に行くと普天堡戦闘指揮所が見えるところがあるというので、タクシーで行くことにした。途中からは車を降りて川岸に下りてカメラを構えていたら、向こう岸から北朝鮮兵士がこちらに何か言っている。かなり怒気を含んだ声であるが、かまわず撮影をしていると、こちらを威嚇するように銃を構えだした。あわてがけを駆け登ったが、「ハングンノム（韓国人野郎）」と叫んでいた。まさか日本人がこんな辺鄙な所まで来ているとは思わなかったのだろう。憧れの普天堡を前にして残念ではあったが、北朝鮮兵士の威嚇には勝てなかった。

普天堡の戦闘は、小学校一年生の国語の教科書に紹介されるほどに、北朝鮮では金日成神聖化・偶像化には必須の「枕詞」的存在である。『画集「金日成首相伝」』も、「祖国ではじめて得た勝利でした。この戦いは民族再生の曙光であり、朝鮮人民の不屈の気性を見せたものです。夜空にのろしを高くかかげ、朝鮮人民が進むべき道を照らしたのです」と解説している。北朝鮮の先生も絵入りで説明しているのだろうか。金日成部隊がにっくきイルチェノム（日帝野郎）をやっつける授業であるから、先生の授業にも熱が入るだろう。

ウエノムは日常用語

この課では「ウエノム」も初めて登場する。筆者は某民放テレビ局で、北朝鮮の朝鮮中央テレビの番組を毎週解説していたことがある。ドラマなどでこの「ウエノム」がたびたび出てくるのに驚き、辟易したものであるが、北朝鮮の人たちには「ウエノム」は聞きなれた、日常用語なのだろう。しかし、教科書にイルボンサラム（日本人）ならぬ、ウエノム（倭奴）とは、ずいぶん思い切った表現である。「ウェノム」はこれ以後、たびたび教科書に登場するので、「ウエノム」について説明しておこう。

「ウエノム」は日本人の卑称である。「矮短（短身）で粗暴な人」のことだと、韓国に留学していた時に、教えられたことがある。朝鮮語には日本人を卑称する言葉として、「チョッパリ」がある。「チョッパリ」とは、「牛や豚の足のように、蹄《ひづめ》が二股になったもの」のことで、日本人が足袋を履いたり、下駄を履く時に足が二股に分かれることから、日本人を獣の足に喩えていう卑称である。「ノム」は日本語の「野郎、奴」の類である。北朝鮮で発行された『チョソンマルテサジョン（朝鮮語大辞典）』（社会科学出版社　一九九二年）には、「ウエノム」の項目はないが、「倭軍」などを説明する項目の文中に「ウエノム」の文字が出てくる。

八四、八五ページは複合子音の勉強である。項目は「児童団員ヨンチョリ」。

山の細道をイルチェノムたちが這い上がってきました。児童団員ヨンチョリは赤いネクタイを振って遊撃隊に知らせました。〈タンタン、バーン……〉遊撃隊員はイルチェノムたちをことごとくやっつけました。〈金日成将軍万歳！〉ヨンチョリと遊撃隊員たちは、万歳を声高く叫びました。

児童団員とは「革命の偉大な首領、金日成同志様が抗日革命闘争時期に、自ら子供たちを集めて指導なされた、革命的な子供たちの組織」（『現代朝鮮語辞典』科学百科事典出版社一九八一年）。金日成は抗日闘争時代に、革命家の遺児や貧しい労働者や農民の子弟が、「知徳体」を具えた朝鮮革命の予備軍になるように、各地で学校を建てたり、学習会を行った。『画集「金日成首相伝」』にも、「革命のツボミ、児童団員たちの中で革命の道を話しました」という絵がある。筆者は一九九一年に平壌の順安空港で、長編小説『十五少年物語』なる本を買ったが、「朝鮮・平壌　1988」とあるだけで、出版社名もなく、「印刷＝朝鮮民主主義人民共和国」とのみ書いてある。一体誰が書いた本なのかとめくってみると、表紙の裏に「この作品は、一九三〇年代初、金日成主席が革命活動を行った当時、少年たちに語った物語を小説化したものである」と書いてあった。漂流した少年たちが、互いに協力して最後は無事に故郷に帰って来るという話で、「かれは、なつかしい母のいるキンヨウル、侵略者のいない住みよい明日の故郷を描きながら、へさきに立ちつくしていた。船は矢のように走っていた」で終わる。かなりの長編小説であるが、いつ子供たちに話を聞かせる時間があったのだろうか。

東洋のジャンヌ・ダルク

ヨンチョリが振ったのは赤いネクタイであるが、この「赤い」ネクタイについて、先生は「少年団員の赤いネクタイの、赤い色は少年団員たちが革命の伝統を継承し、偉大な領導者金正日元帥様に、限りなく忠直な主体型の革命家になるという決意と、誓いが含まれています」（『社会主義道徳』小学校三年生教科書　二〇〇四年）と教えている。

児童団員が直接戦闘に参加したという具体的な資料に出合ったことはないが、後方で連絡業務にあたっていて日本軍に捕まり、犠牲になった九歳の少女「キム・クムスン」を紹介した資料はある。『金日成回顧録　世紀とともに　3』（朝鮮労働党出版社　一九九二年）のグラビアページ「革命の未来のために」には、十六歳で西大門刑務所で獄死した、東洋のジャンヌ・ダルクと言われた柳寛順と、キム・クムスンが紹介されており、「歳は幼くても永世する花たちは多い。余りにも早くわれわれの側を離れ、もう想像画すら描くことができなくなった、幼い烈士たちの哀切に満ちた魂に何をもってどのように敬うべきか」という説明文がある。キム・クムスンの話は小学校四年生の国語の教科書に「クムスンの最期」として紹介されている。
母音や子音の勉強も終わって、九二ページからは本格的な文章の講読に入る。九四、九五、九六ページの項目は「遊撃隊のラッパ手」。

偉大な首領金日成大元帥様が射撃命令を下されるや、横にいたラッパ手のおじさんが、ラッパを吹きました。遊撃隊のおじさんたちは、イルチェノムたちに火の砲火を浴びせました。あちこちでイルチェノムたちがバタバタと倒れました。ラッパ手のおじさんは愉快になって、ラッパを吹いてはまた吹きました。この時でした。イルチェノムたちの銃弾がおじさんのいる所に飛び始めました。あっ、司令部が危ない！　瞬間、ラッパ手のおじさんは銃弾が雨霰のごとく降って来る隙をついて、反対側の峰の方に走って行きました。そして大きな松の後ろで再びラッパを吹き始めました。そうするとイルチェノムたちの銃弾が松の木の周辺に飛んできて、パチ、パチと音をさせながら突き刺さりました。やった！　おじさんの胸中は偉大な首領金日成大元帥様を命にかえて守った、大きな喜びがいっぱい溢れました。

「金日成大元帥様を命にかえて守った」ラッパ手

イルチェノムが四回も出てくる。金日成部隊が機転を利かして、日本軍の攻撃から守り通したラッパ手の美談であるが、金日成のためには自らの犠牲も省みず、忠誠心を誓ったことを強調する話である。

北朝鮮の「木口小平」

戦前の日本の尋常小学校の修身の教科書にも、「キグチコヘイハ　テキノタマニアタリマシタガ　シンデモラッパヲクチカラハナシマセンデシタ」という、日清戦争の時のラッパ手であった木口小平の、似たような話が載っている。木口が所属する部隊では、木口がラッパを吹くと必ず勝つというのがジンクスになっていたという。木口小平の美談は『尋常小学読書教本』（一八九四年）巻七第二三課で「成歓の役の喇叭卒」として紹介され、以後も「勇気を起さしむるを以て本課の目的とす。（『尋常小学修身書巻一　教師用』一九〇三年）、「忠義の心を起さしむるを以て本課の目的とす。（『尋常小学修身書巻一　教師用』一九一〇年）、「忠義の心を振興せしめ、天皇陛下の御為には一身を捧げて尽くすよう心掛けしむるを以て本課の目的とす。（『尋常小学修身書巻一　教師用』一九三四年）」（中内敏夫『軍国美談と教科書』岩波新書　一九八八年）と、修身の教材に「勇気」と「忠義」「天皇陛下の御為」

小学一年生国語の中扉

の主人公として登場している。愛国少年の育成と金日成に対する忠誠心を植えつけるには、幼少期の教育において戦場における武勇伝や美談を聞かせるほうが、感化させやすく、奮い立たせる効果がある。

戦争で犠牲になった軍人の美談は一一八ページの「英雄おじさん」にも登場する。

ミジェスンニャンィノム（米帝獣野郎）たちをやっつけられた戦争の時でした。ある日、キム・チャンゴルおじさんの小隊は米帝野郎たちが占領している高地を奪うようにという命令を受けました。小隊が高地の中ごろに着いた頃でした。〈ダダダー〉突然、米帝野郎たちが機関銃をあたりかまわず撃ちだしました。キム・チャンゴルおじさんはすばやくはいつくばって行き、手榴弾を思いっきり投げました。しかし、敵どもの銃撃はますます激しくなりました。米帝野郎の機関銃をぶっ壊さない限り、一歩も進むことができませんでした。(このわが身がぶっ倒れても偉大な首領金日成将軍様の命令を、必ず実践しなければならない!)キム・チャンゴルおじさんは矢のように走って行き、敵どもの銃口を胸で塞ぎました。〈偉大な首領、金日成将軍万歳〉。おじさんの力強い叫びとともに、米帝野郎の機関銃はパッと止んでしまいました。人民軍隊のおじさんたちは、万歳を叫び高地に駆け上がって行きました。高地の上にはオガクピョル(五角星)が輝く共和国の国旗がヒラヒラはためきました。

朝鮮戦争を舞台にした「戦争もの」の文章である。北朝鮮は一九五〇年六月二十五日に勃発した朝鮮戦争を、「祖国解放戦争」と位置づけ、教科書では戦争中におけるアメリカ軍の蛮行と、朝鮮人民軍の勝利の戦いを主な題材としている。金日成に対する献身的な犠牲行為を崇高なものとして、子供たちを洗脳する教材として朝鮮戦争はたびたび登場する。

「真っ暗になった日本列島」(小学一年生国語)

天地を自由に動かす元帥

九八、九九ページの「真っ暗になった日本列島」は、金正日神聖・偶像化作業の代表的な文章である。

偉大な領導者金正日元帥様は、御幼少の時お母様と一緒にある小学校をお訪ねになられました。偉大な元帥様は教室に入られ、地球儀をご覧になりました。ところで、地球儀には朝鮮と日本が同じく赤い色になっておりました。これはイルチェノムたちが朝鮮も、奴らの土地だという意味からそのようにしたのです。朝鮮がどうしてイルチェノムたちの土地だというのか。偉大な元帥様は憤りを抑えることができませんでした。そこで墨で日本の地を真っ黒く塗りつぶされました。そうすると、この日、日本では本当に驚くべきことが起きました。突然、日本中が真っ暗になりました。そして稲光がし、雷が轟き、長いこと激しい夕立が降り注ぎました。この時から人々は偉大な領導者金正日元帥様は、空と土地も自由に動かされる才能をお持ちであると話しました。

科学を全く無視した、荒唐無稽で空想小説のような「おとぎ話」にすぎないと、一笑に付してしまえばそれまでだが、北朝鮮の小学校一年生の児童は、天才少年金正日の超能力を信じて疑わないばかりか、ますます尊敬し憧憬心を培うことになるだろう。それにしても、このような事実無根の話を、いかにも真実のごとく教えこまなければならない、現場の先生方の苦悩はいかばかりか、同情を禁じえない。全知全能の「現人神・金正日」という架空物語は、二年生の教科書にも登場する。

日帝巡査は悪の象徴

一一四、一一六ページの「二人の児童団員のお兄さん」は、日本人の警官を児童が殺害するという、ショッキングな内容である。

에 잠겨버리고말았습니다.
아동단원형님들은 총을 가지고 위대한

襲撃される日本人警官（小学一年生国語）

ある日、二人の児童団員のお兄さんは、イルチェノムの銃を奪おうと、川岸に出かけました。お兄さんたちは川で魚を獲るふりをしながら、イルチェノムが現れるのを待ちました。この時、イルチェスンサノム（日帝巡査野郎）が川の方に歩いてきました。奴の腰には拳銃がぶら下がっていました。よし、やった。お兄さんたちの胸はどきどきしました。巡査野郎は二人のお兄さんを見て叫びました。〈やあ、こっちへ来い。俺を負ぶって渡れ〉一人のお兄さんが巡査野郎を負ぶって、水に入りました。他のお兄さんは巡査野郎の腰をつかみ、後ろから付いて行きました。児童団員のお兄さんたちは、川の真ん中に来るや、日帝巡査野郎をおもいっきりぶん投げました。野郎はあぷあぷしながらもがきました。後ろから付いて行ったお兄さんがすばやく拳銃を奪い、奴の頭を殴りました。巡査野郎はウッと叫んで、川の中に沈んでしまいました。児童団員のお兄さんたちは銃を持って、偉大な首領金日成大元帥様が率いられる遊撃隊を訪ねて行きました。

北朝鮮の教育の目的は「共産主義的新しい人間」を作ることであり、そのためには金日成・金正日父子に対する絶対的な忠誠心と科学技術知識を兼備した、共産主義的人間を養成することが必要である。これは、児童団員（年齢は特定できないが、ここでは日本の小学校高学年生くらいか）が、大人の巡査から拳銃を奪い、殺してその銃を金日成の部隊に持って行くという話である。巡査がたやすく少年に拳銃を奪われるとは考えづらく、あくまでも空想小説のような物語の文章であるが、この話を聞いた子供たちは、最初は憎き日帝の巡査を殺したのだから、さぞかし喝采することだろう。しかし、いくら「公開処刑」を白昼堂々と行う北朝鮮とはいえ、「人のものを盗む」「人を殺す」という行為が、正しいこととは思っていないはずだ。小学校で「殺人行為」を容認、または教唆する教育を行っていることになると考えるのは早計か。

二〇〇四年四月二十九日に改正された北朝鮮の刑法は、「反国家および反民族犯罪」の関連条項を強化したのが特徴であるが、「第八章　社会主義共同生活秩序を侵害した罪」の第二六〇条「未成年犯罪教唆罪」には「十七歳に達しない者に、犯罪をはたらくように教唆したり、犯罪に加担させたり、不良者になるようにしむけた者は、三年以下の労働教化刑に処する。情状が重い場合は三年以上七年以下の労働教化刑に処する」とある。十七歳とは、満六歳から十一年間の義務教育を終えて、軍隊への入隊や大学進学など新たな社会生活に入る年齢である。この歳から日本でいう「成人」となり、「十七歳以上の公民には公民証を、平壌市に居住する十七歳以上の公民には、平壌市民証が与えられる」のである（「朝鮮民主主義人民共和国公民登録法」第七条）。

「イルチェスンサノム」は、「イルチェクニンノム（日帝軍人野郎）」と同じく、北朝鮮の学校教育では、日本植民地時代に朝鮮人民を弾圧、抑圧した「悪の象徴」として教えられている。

一三二ページの「どこまで来たの」は、児童団員が日本兵をやっつける文章である。

どこまで来たの　村まで来た　どこまで行くの　学校まで行く　何しに行くの　勉強しに行く　誰と行くの　僕ら皆で行くの
どこまで来たの　川まで来た　どこまで行くの　裏山まで行く　何しに行くの　訓練しに行く　誰と行くの　僕ら皆で行くの

この文章は一年生の音楽の教科書第二七課に、「革命歌謡」として紹介されている。

三　小学校二年生の国語教科書

小学校二年生の国語の教科書は、主体九十一（二〇〇二）年十一月八日印刷、同月十一日発行の五版。四版は二〇〇三年三月一日発行。価格は七ウォン五十チョン。

一五六ページ、七三課で構成されている。第一課は「一秒を一時間にすることはできないのか」という金正日の詩。これは父の金日成を讃えるもので、寸暇も惜しまず人民のために奔走している金日成が、せめて休んでいる時だけはゆっくりして欲しいということで、一秒を一時間に延ばすことができたなら、という親孝行の話である。

第七課「白頭山の幼い将軍」にウエノムが登場する。

白頭山で遊撃隊員のたいまつが燃え上がっておりました。抗日の女性英雄金正淑お母様は、たいまつの側で息子の帽子に赤い五角星を縫っておられました。〈やあ、きれいだ。赤い星……〉幼い敬愛する金正日元帥様は、自分の帽子にもお父様のように、五角星が縫われているのがあまりにもうれしくて、手を叩かれました。そうして、拳銃を作っている遊撃隊員をたずねて行かれました。〈おじさん、僕のお父さんの拳銃くらい大きく作ってください〉遊撃隊員は笑いながら、うなずきました。敬愛する元帥様は再び話を続けられました。〈おじさん、双眼鏡は作ってくれないの。大将には双眼鏡がなくてはね。そうすれば遠くにいるウエノムも見つけて、全部やっつけてやれるから〉そのお言葉は本当に正しいと、一人の隊員が双眼鏡を作りました。しばらくして、お母様は五角星を縫われた帽子を息子に被せてさしあげました。敬愛する元帥様は首に双眼鏡をかけられ、腰には刀剣を吊るされました。そうして一方の手に力強く拳銃を握られて、お母様にお話しなさいました。〈お母様、僕もお父さんのようにウエノムたちと戦って勝つんだ〉敬愛する元帥様は大きな岩に上って、双眼鏡を目に当てて、森の中をしばらく眺められました。敬愛する元帥様は、大将刀を高く持ち上げ、厳かな声で叫ばれました。〈ウエノムだ！　突撃前へ！〉そうすると、白頭山の大小の峰々が地鳴りをしました。〈ウエノムだ！　突撃前へ！〉敬愛する元帥様の姿を仰ぎ奉る遊撃隊員たちの胸中は、限りなく熱くなりました。〈偉大な将軍様の大志を引き継がれる朝鮮の将軍！〉一人の遊撃隊員が目をぱちぱちさせながら言いました。〈白頭山に幼い将軍が現れた！〉たいまつはさらに強く燃え上がりました。めらめらと燃え盛る炎に映られる敬愛する元帥様の姿は、大地を覆い尽くしました。

金正日は旧ソ連のシベリアで生まれたが、北朝鮮では白頭山の生まれとしている。偉大な将軍様が朝鮮ならぬ、外国で生まれたというのでは人民に対して説得力が乏しくなる。そこで、朝鮮民族の聖山であり、金日成が抗日闘争を展開した白頭山で生まれたということにすることによって、金正日が北朝鮮で唯一、金日成を継ぐ指導者になる資格のあることを誇示しているのである。

五歳の独立闘士

幼い少年が「ウエノムをやっつける」という、勇ましい愛国少年になる創作話は、すでに金日成用に作られており、金正日の「白頭山の幼い将軍」もそれに似せたものである。北朝鮮の小学校の教科書では国語以上に重要な存在である、『敬愛する首領・金日成大元帥様の幼い時』の一年生用に、同じ内容の話が出てくる。

第一〇課「家の大人たちに語られた答え」

敬愛する首領金日成大元帥様が、五歳になられた時のことでした。ある日、お父様は、家の大人たちからイルチェノム（日帝野郎）たちが、朝鮮人を手当たり次第捕まえて殺したという話をお聞きになりました。

敬愛する大元帥様はその話を聞かれて、おじいさまにお尋ねになりました。

〈おじいさん、将軍になるにはどうすればいいのですか〉

おじいさまは、どうしてそう聞くのかとおっしゃいました。〈強い将軍になり、ウエノムたちをみんな殺してやろうと思うからさ〉敬愛する大元帥様はこぶしを強く握りしめてお答えになられました。敬愛する金日成大元帥様は、このように幼い時に、ウエノムたちをやっつけられる強い決心を固められました。

同じく五歳の時の創作話である。

第一一課「朝鮮独立」

敬愛する首領金日成大元帥様は、五歳の時からわが国の文字を学ばれ、文字の意味を解釈されました。お母様は幼い大元帥様に習字もたびたび教えられました。ある日のことでした。敬愛する大元帥様は〈朝鮮独立〉という四文字を大きく書かれました。

お母様はその文字が、奪われたわが国を取り戻すという意味であると話してくださいました。敬愛する大元帥様は、お母様のお話を理解され〈朝鮮独立〉〈朝鮮独立〉と大声で叫ばれました。敬愛する首領金日成大元帥様は、このように国を取り戻す大志を育まれ、成長されました。

五歳の金日成が「朝鮮独立」の文字とその意味を理解し、「朝鮮独立」の大志を抱いたという、神童顔負けの天才的少年であったことを伝える教材である。

妖術使いの金日成

三〇～三二ページの「絵の中の龍馬」は、戦略家金日成の創作話である。

ある年の夏のことでした。偉大な首領金日成将軍様は、森の中で隊員たちと一緒にしばしの休息をとっておられました。この時、山中を行進していた日帝〈討伐隊〉野郎たちが、遊撃隊員たちを発見しました。〈そっちだ！　うまく包囲しろ！〉日帝将校野郎が叫びました。日帝〈討伐隊〉野郎たちはこそこそ泥棒猫のように、森の中に這ってきました。しかし、偉大な将軍様はすでに奴等の動きをみな知っておられました。偉大な将軍様はゆっくり懐の中から、白い紙一枚を取り出され、その上に鉛筆で多くの馬たちを描かれました。〈討伐隊〉野郎たちはあまりにも泰然としている偉大な将軍様を前に、愕《おどろ》いて震えて立つことができませんでした。偉大な将軍様は馬たちを書かれた鉛筆を持って、日が昇る東側に向かって三度ぐるぐると振り回されました。

すると本当に不思議なことが起こりました。紙切れの中から本当の馬たちがピョンピョン外に飛び出してきました。馬たちは皆金色の羽が付いた龍馬たちでした。龍馬たちは出るや否や「ヒヒーン」と飛び上がりました。この光景を見ていた〈討伐隊〉将校野郎は、口を開けて目を見張りました。偉大な将軍様はゆっくり紙切れをたたんで、懐に入れられ、馬たちを一列に並べられました。そうして、隊員たちに命令を下されました。〈馬を一頭選びなさい〉偉大な将軍様は、白い龍馬に乗られて空中に飛び、ムチを振り回されました。すると、龍馬たちは一斉に鉄の足で土を蹴って、空高く舞い上がりました。その瞬間でした。明るかった空に雲が覆いかぶさり、雷が鳴り、強風が吹き起こりました。続いて空から石つぶてが降ってきました。日帝〈討伐隊〉野郎たちは空をぼーっと眺めていましたが、石つぶてを食らって、皆死んでしまいました。その時、空を揺るがした雷の音は、偉大な将軍様がお乗りになられた龍馬のいななきであり、強風は将軍様が紙切れを畳まれた時に起きた風であったとのことです。

위대한 장군님께서는 흰 룡마에 오르시여 공중에 대고

「絵の中の龍馬」（小学二年生国語）

まさに不思議なおとぎ話である。紙から本当の馬が出て来て空に舞い上がる場面に、子供たちは現実にはあり得ないことと思いながらも、さぞかし興奮したことだろう。「西遊記」の孫悟空が自分の毛を抜いて吹き付けると、彼の無数のクローンが敵を襲撃するマジックを髣髴させる空想話であるが、「金日成の白馬伝説」の神話は、小学校の教材としてだけでなく、一般にも喧伝されていた。

「金日成同志は、白頭山の精気を受けてお生まれになった方……天の龍馬にお乗りになって、白頭山で日本の軍隊を撃滅した伝説的な英雄であられる。天地造化一切を見抜いておられ、縮地法を用いられて広い空を所狭しと思うままに飛び回られる。げに金日成首領さまは、天の遣わした万古の英雄であられる」

（全富億『金日成の嘘』ネスコ　一九八八年）

金日成の妖術について全富億先生は、同書で次のような興味深いエピソードを紹介している。

もう一つ、おもしろい資料を紹介しよう。一九七八年二月、日本で朝鮮総連中央常任委員会が発行した『分会学習班講師用提綱』である。つまり、思想学習用のテキストなのだが、金日成について「敬愛する首領金日成元帥さまは、絶世の愛国者であり、伝説ている。
的英雄であり、朝鮮革命と世界革命の偉大な首領である」としたあと、次の諸点をあげて

①天下妖術を使う。②東西南北を飛んで移動する。③縮地法を使う。④山・川を縮め一夜に千里も移動する。⑤一度に八ヵ所あるいは十ヵ所に同時に出現する。⑥顔かたちがまったく同じ金日成が七人いる。⑦瞬間的に千変万化する。⑧天に消えたり地下にもぐったりして姿を隠す。⑨気象を自由自在にあやつることができる。⑩古今東西のどの兵書にもないような巧妙な戦法をあみだす。

笑ってはいけない。これは北朝鮮の山間僻地で隔離された住民を相手とする学習ではない。いま、この日本で在日朝鮮人を相手にしたテキストの内容なのだ。

日本でなら、たとえテキストでも信じることはなかろうが（信じたフリはしても）、北朝鮮では情報源は一つしかないし、信じなくてはならない状況下なのである。

筆者はこの資料を入手すべく、総連の知人に尋ねると、「以前はあったかもしれないが、今はそんな時代ではないよ」と一笑に付された。北朝鮮の子供たちは信じているのか、それとも信じたフリをしているのか、気になるところである。

地主、巡査、軍人が三悪

四三〜四六ページの第二一課「大豆一斗」は、悪逆非道な日本人地主が借金のかたに、小作の娘を略奪しようとする話である。

わが国が光復（日本の植民地支配から解放された日、一九四五年八月十五日）する前のことでした。新穀もまだ出ないのに、タルレの家では食べる米がみななくなってしまいました。タルレのお父さんは考えあぐねて、チジュノム（地主野郎）の家を訪ねて行きました。お父さんは豆の殻が半分以上も混ざった大豆一斗を、やっとのことで借りてきました。

タルレの家はその大豆で粥を作って食べ、春先から畑に出て働きました。努力した甲斐があって、秋になると穀物がよく実りました。〈粥でも飢えずに食べられそうだ〉お父さんは収穫した穀物を見て、うれしそうに話しました。ところが地主野郎が現れて、収穫した穀物をみな奪っていってしまいました。さらには貸した大豆一斗を、二斗にして返せと付け加えました。タルレの家には払う大豆も米もありませんでした。狐のよう

아버지는 큰 주먹으로 지주놈을 후려 쳐 그 자리에 꺼꾸러뜨렸습니다.

「大豆一斗」（小学二年生国語）

な地主野郎は〈それならば、大豆二斗を来年は四斗にして返せ〉と、反対に大声を出しました。タルレの家は食べもしない大豆四斗を借金しました。翌年はその四斗が八斗に膨らみました。三年たったある日、地主野郎がタルレの家を訪ねて来ました。〈どうも大豆八斗を返せそうもないから、そのかわり娘を我が家に寄こすのはどうだ〉地主野郎は眼鏡越しに、タルレをじろっと見つめて、父親に怒鳴りました。〈え、タルレを差し出せと！〉〈みんなおまえさんのことを考えてのことだ。我が家に来ればタルレもお腹が空かないだろうし、おまえさんの家だって食べ口が一つ減るじゃないか？〉〈俺はそんなことはできない〉〈なにい、何だと。差し出せないだと？　それなら俺様がこの手で連れて行く〉地主野郎は部屋の中に飛び込んで、タルレを庭に引張って行きました。〈お母さん！〉タルレは引張られないように足を踏ん張りました。〈タルレや！〉お母さんも声を張り上げて駆け寄ってきました。しかし、お母さんは地主野郎の足にふさがれて、倒れてしまいました。お父さんの目からは怒りの炎が燃え上がりました。〈この獣野郎、腐った大豆一斗をくれて、人をさらって行く！〉お父さんは大きなげんこつで、地主野郎を殴って、その場に倒してしまいました。その夜、タルレの家にイルチェスンサノム（日帝巡査野郎）が駆け込んで来ました。奴らはお父さんをぐるぐる巻いて、引張って行き、タルレの家まで奪ってしまいました。家から追い出されたタルレとお母さんはあちこち彷徨しながら、やっとのことで生きて行きました。敬愛する金日成大元帥様が国を取り戻され、土地を与えてくれた後になって、タルレの家も豊かに暮らせるようになりました。

チジュノム（地主野郎）は、日本植民地時代に朝鮮人を略奪した悪の象徴として教えられている。しかも、この悪徳地主と結託したイルチェスンサノム（日帝巡査野郎）は、クニンノム（軍人野郎）と同じく朝鮮人弾圧の象徴である。小学校一年生から国語の教科書では、搾取階級としての「地主」について、詳しく教えている。金日成は抗日パルチザン時代の経験から、「わたしは、ゆくゆく国が独立すれば、地主、資本家がわがもの顔に振舞う背倫背徳の古い社会を一掃し、万人が貧富の別なく一つの家庭のようにむつまじく暮らす、美しく健全な社会を建設しようという決意を新たにした」（金日成『金日成回顧録　世紀とともに　3』雄山閣出版　一九九三年）という。教科書に登場するのは植民地時代の日本人地主と、韓国人の悪徳地主である。

義務労働の日々

小学校一年生の国語の教科書に「モスムアイ（雇用人の子供）」が紹介されている。雇用人の子供のソクチョルは学校にも行けず、地主の家で働いていたが、ある日山から薪を背負って下りて来た時に、地主の子供に意地悪をされ、反対に地主の息子をやっつける話である。教師が小学校一年生に「地主」をどのように説明するのか、見てみたいものである。

同じく一年生の国語の教科書「コンブハゴシッポヨ（勉強したい）」では、南朝鮮（韓国）

では貧しくて月謝金（授業料）も払えず、学校にも行けない子供がいるということを教えているが、これもアメリカ帝国主義者とその走狗どものためであると、紹介している。「月謝金」とは聞きなれない言葉である。『朝鮮語大辞典』（前掲）には、「その昔、学校へ通う学生たちが、毎月学校に払うお金。わが国では敬愛する首領金日成元帥様の賢明なる領導と配慮によって、入学金、月謝金という言葉すら知らないでいる」とある。北朝鮮ではたしかに入学金はないが、「十一年義務教育」の期間中に、「義務労働」を課しているので、学校教育は無償ではない。それどころか「勉強したい」に登場するソクチョル少年のように、お腹を空かして学校にも行けない子供が多いのは、北朝鮮のほうではないだろうか。

さらには、金日成は幼い時から日本人と地主が嫌いであったという。小学校二年生の『敬愛する首領金日成大元帥様の幼い時』の第二六課に「舟遊びするウエノムとチジュノムをやっつけられた話」が登場する。「敬愛する首領金日成大元帥様は、幼い時、ウエノムとチジュノムを憎まれました」ではじまるこの教材は、トゥルマギ（周衣。外套のように一番外側に着る外出着物）を着た朝鮮人地主野郎と、洋服を着たウエノムが、夏の暑い盛りに舟遊びをしていたのを目ざとく見つけた八歳の金日成が、幼友達と絶壁から石を投げつけて、ふたりをやっつける話である。

戦前、平壌に住んでいた日本人のみならず、平壌を訪れた観光客が一番先に案内されるのが、大同江岸の「お牧の茶屋」と舟遊び（遊覧）であった。金日成少年がウエノムと地主野郎の乗った遊覧船に、石を投げつけた場所は絶壁のある牡丹台付近と思われるが、遊覧船での納涼は風流な遊びでもあった。

七二ページの第三三課「雪だるま」は、金正日少年が、ウエノムの雪だるまを溶かして、喜ぶ話である。

ボタン雪がどっさり降り積もった、ある日でした。幼い敬愛する金正日元帥様は、雪だるまをお作りになろうとして、庭に出てこられました。〈お母さん、山でのようにウエノムチャンギョ（日本人将校野郎）を作って、ウエノムをやっつける遊びをするよ〉金正淑お母様はにこりと笑われて、古いバケツに炭くずとニンジンを数個入れてくださいました。敬愛する元帥様は目ん玉を大きく描かれました。そして炭くずでまつげを作られ、ニンジンで鼻と口、耳を付けられました。お母様は古いバケツを頭の上にお載せになりました。そして黒い櫛で鼻ひげを描かれました。雪だるまは本当に不恰好な、日本人将校面でした。敬愛する元帥様は、二つのげんこつをぐっと握りしめ、〈日本人将校野郎〉を叩かれました。敬愛する元帥様は雪の塊をぎゅっと丸めて、手榴弾をいっぱい作られました。そうして〈日本人将校野郎〉をやっつけ始めました。一発目でドカーンと、鉄かぶとがくるくると転がり落ちました。ヒュー、二発目の手榴弾が飛んでいきました。また、まゆげがみななくなりました。三発目で目ん玉がなくなり、四発目で耳が吹っ飛びました。敬愛する元帥様はあまりにも愉快なので、大きく笑われて突撃され、〈日本人将校野郎〉を足でおもいっきり蹴り散らされました。それでも完全にやっつけたとは思われませんでした。敬愛する元帥様は家に走って行かれ、ぐらぐら煮え立ったお湯を汲んできて、ざっとかけられました。〈日本人将校野郎〉は跡形もなく溶けてしまいました。その時、敬愛する元帥様は〈お母様、ウエノムがみな溶けましたよ！〉と叫んで、万歳を高く叫ばれました。万歳の声は天地の遠くまで響いていきました。

雪だるま作りという、子供の遊びを利用して、反日・嫌日思想を植えつける教材である。

将軍様、寒いでしょう

「クムスンの心」（小学二年生国語）

六七〜六九ページの第三一課「クムスンの心」は、児童団員が金日成の温情に応える話である。

偉大な首領金日成将軍様の愛情の中で、クムスンがマチョン（馬村）児童団で、勉強しているときでした。ある日、マチョン児童団に児童局長が訪ねて来ました。〈みなさん、われわれは将軍様の愛情を被るだけで、それに報いられずにいます。どうすればいいでしょうか〉児童局長が話を終えるや、クムスンがすかさず立ち上がりました。〈立派な服を差し上げましょう。将軍様は寒い冬でもひとえの服を着ていらっしゃるそうですね〉児童局長はほほえんで児童団員に尋ねました。〈みんなはどう思うかね〉〈賛成です〉児童局長はさらに尋ねました。〈ところで、生地は天から降って来るものではありません。どうするの?〉クムスンがまた立ち上がって、言いました。〈キノコを採って、干して売ればいいと思います。キノコは高く売れるそうです。お金さえあったら、生地はいくらでも買えます〉〈そうだ! そうだ!〉ほかの児童団員もにぎやかに応じました。

次の日、児童団員たちはキノコ採りを始めました。いつの間にかキノコはお金になり、そして服になりました。児童団員たちは心のこもった服をもって、偉大な将軍様を尋ねました。クムスンは児童団員たちを代表して、偉大な将軍様にきちんと挨拶して、言いました。〈寒い冬でも古びた服を着ていらっしゃる将軍様に着ていただきたく、服をあつらえて参りました。遠慮なさらないで、どうかお受け取り下さい〉偉大な将軍様のお心は熱くなられました。偉大な将軍様は、服を受け取られてしばし考えられたのち、このように語られました。〈皆さん、わたしは古びた服を着ていても元気です。皆さんの真心は一生忘れません。しかし、この服は小汪清で年齢が一番高いおじいさんに着てもらうようにします。悪く思わないでください〉クムスンたちはあまりにも、名残惜しくて泣き出してしまいました。偉大な将軍様が繰り返して話されると、クムスンも無理に笑顔を作りました。クムスンは偉大な将軍様の側へ来て、軍服の袖をそっとなでて、ささやきました。〈生地が薄くてお寒いでしょう〉偉大な将軍様はクムスンのこの言葉をいつまでも忘れませんでした。

この文章は金日成の回顧録にも登場する。

したがって、クムスンも実在の人物である。クムスンは四年生の国語の教科書「クムスンの最期」でも取り上げられており、最後は獄死した少女である。

この教材で看過できないのは、満州で抗日ゲリラ活動を展開していた金日成が、子供たちに日本軍から略取した物資を贈り物として与え、その代償として子供たちから贈り物を受け取っているということだ。善人顔した金日成の闇の本性が見え隠れする文章である。

八一ページの「児童団員クアンチュニ」は、少年によるユーモアのある反日抵抗運動を紹介している。

ある日、児童団員のクアンチュニは、ビラを配る課業を受けました。クアンチュニは市場に行きました。クアンチュニは市場のあちこちにビラを貼りました。人びとが集ま

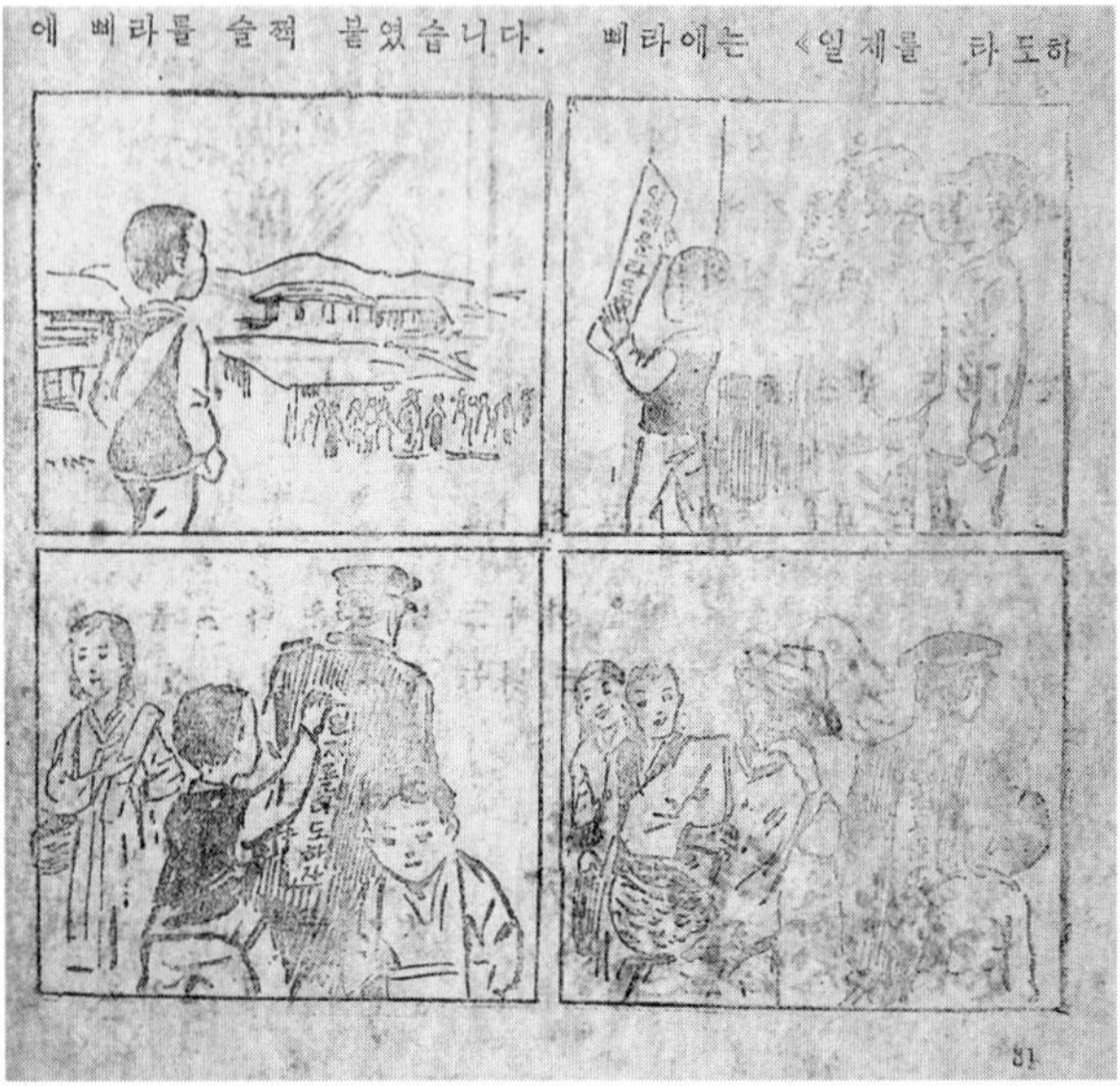

「児童団員クアンチュニ」(小学二年生国語)

って来て、そのビラを見ました。この時、日帝巡査野郎が市場に入ってきて、人びとを窺っていきました。クアンチュニはそっと後を付いて行き、そいつの背中にビラをさっと貼り付けました。ビラには〈日帝を打倒せよ！〉という文字が書かれていました。日帝巡査野郎はそれとも知らず、市場の中を歩き回りました。人びとは日帝巡査野郎を見て、声を出して笑いました。

反日教材としては珍しくユーモアのある創作話である。これなら教室にも笑みが溢れるだろう。それでは実際の児童団員の活動はどうだったのだろうか。

子供でも大人に勝てる

われわれは児童団に、「朝鮮の独立と全世界無産階級の解放のためにつねに準備しよう！」というスローガンを示し、子どもたちを愛国主義思想、プロレタリア国際主義思想で教育した。児童団員は、大衆啓蒙、演芸活動、歩哨勤務、通信連絡、敵情探知、武器奪取、遊撃区防衛の戦いなどで、おとなに劣らず数々の偉勲を立てた。

（金日成『金日成回顧録　世紀とともに　3』）

クアンチュニ少年が警察官にこっそり、反日ビラを貼りつけることは重大な任務であったが、実際の活動には危険をともなった。一〇二ページの第四七課「ねぎの中の秘密」は、危険をおかして任務を遂行した少女児童団員の話である。

テスギは勇敢で利口な児童団員でした。彼女は児童団から与えられた任務はいつも間違いなく、はたしていました。ある日、テスギは大変重要な任務を担いました。急な連絡を伝えに、とても遠い所に行くことでした。〈どうしたら連絡メモをうまく持って行けるか？〉テスギはよくよく考えました。そしてついにうまい考えを思いつきました。テスギは籠に白菜や大根、ねぎなどを入れました。そして一番大きなねぎを一本選びだして、葉っぱの中にくるくる巻いたメモ用紙をこっそりしのばせました。テスギは籠を持って、ただちに出かけました。彼女が踏み切りに来た時でした。銃を提げた日帝巡査野郎が大通りにでんと構えて、行きかう人びとの荷物をいちいちくまなく調べていました。

〈あれぇ、どうしようかしら？〉しかし、危急の時ほど、沈着に行動しなければならないと言われた、金日成将軍様のお言葉を思い出し、心も落ち着きました。テスギが歩哨所の前にさしかかるや、日帝巡査野郎は目をかっと見開いて、どでかい声で叫びました。〈どこへ行くのか？〉テスギは連絡メモが入ったねぎをもぐもぐ齧りながら答えました。〈おばあさんの家に野菜を持って行くの〉日帝巡査野郎はテスギの靴から頭の先までじろじろ見てから、籠をくまなく探し始めました。テスギから何も探し出すことができなかった日帝巡査野郎は、怒って籠をぼんと捨てながら、〈早く行け！〉と言いました。テスギは散らかった野菜を素早く拾い集めて、その場を抜け出しました。このようにし

«할머니네 집에 남새를 가지고 가요.»
일제순사놈은 태숙이의 신발로부터 머리끝까지 훑어 보

「ねぎの中の秘密」（小学二年生国語）

て今度もテスギは、与えられた任務を立派に果たしました。

教室でこの話を読んだ子供たちは、テスギの知恵のある行動に思わず喝采したことだろう。教師も子供たちが「自分たちでも大人に負けず、戦うことができるんだ」と思い込むように、洗脳するのである。

児童団員が直接戦闘に参加することは少なかったが、前線では危険な任務にあたっていた。

あるときわたしは、トンガリ

山の中央歩哨隊で前方歩哨勤務についている児童団学校の子どもたちを見かけたことがある。腰に重い爆弾を一つずつ下げた彼らは、長さ一・五メートルほどの長柄の先に穂のある槍を持って歩哨に立っていた。交替は一時間ごとにするという。マッチ軸の二倍ほどの線香に火をともし、それが半分ほどになると交替するのである。線香が燃えつきるのに二時間かかると聞いて、その独得な時間測定法に感心したものである。

（金日成、前掲書）

あわてふためく天皇野郎

一〇四ページの第四八課「不思議な噂」は、金正日神話の集大成である。

主体三十三（一九四四）年の春のことでした。日本〈天皇〉野郎がいる宮城では、不思議な噂が広まりました。午後四時になると、初めには白頭山がある両江道の土地が揺れて、その次には咸鏡北道と平安北道の土地が順番に揺れるというのです。これは日本が滅びるという兆候だというのです。〈天皇〉野郎はこのような声を聞くたびに、つねに不安でした。〈朝鮮に一度行って、噂が本当なのか直接この目で確かめてみないと〉。

〈天皇〉野郎は大勢の臣下を率いて出発しました。〈天皇〉野郎は白頭山から一番遠い所にある、済州島の地に足を踏み入れました。案の定、午後四時を少し過ぎると済州島の地がゴーという音とともに揺れました。〈これは本当に白頭山の仕業だというのか？〉〈天皇〉野郎は仰天して、日本にあわてふためいて帰りました。そして、智謀に富む臣下に、朝鮮にもう一度行って、いつから土地が揺れ始めたのか、直ちに調べて来るように言いました。

奴らは老人に変装したり、子供に変装したりして、あの村、この村を飛び回りました。宮城に帰った奴らは、見て聞いた通りに〈天皇〉野郎に話しました。〈何、何だと？白頭山にサムテソン（三台星）が現れた時からだと？〉〈天皇〉野郎は体をぶるぶる震わせました。〈ああ、白頭山の三台星！　日本は滅びるな〉〈天皇〉野郎はよろよろしながら、悲鳴をあげました。その時、わが国の地が揺れたのは、偉大な領導者金正日元帥様が、チョクムイチド（地図のパズル）で地図遊びをなさったからでした。咸鏡北道の地図のパズルを拾うと、咸鏡北道の土地が揺れて、平安北道のパズルに触ると、平安北道の地がびっくりしたとのことです。その後、一年過ぎて日本野郎たちは本当に滅びてしまいました。

金正日の超能力神話の最高の傑作である。この話を聞いた子供たちは、小学校一年生の時に習った「真っ暗になった日本列島」を思い出したことだろう。幼い金正日が小学校を訪ねたときに、教室にあった地球儀に朝鮮と日本が赤く描かれていたのを見て、日本を黒く墨で塗ったら、天変地異の騒ぎになったという話である。この「不思議な噂」は、荒唐無稽で歴史的事実を全く無視した、空想の創作話にしては珍しく、「主体三十三年」と「その後、一年過ぎて」という特定の年号を記している。教科書編集委員が満を持して書き上げた、反日空想話の傑作であるが、天皇陛下が戦中、朝鮮を行幸された事実はない。

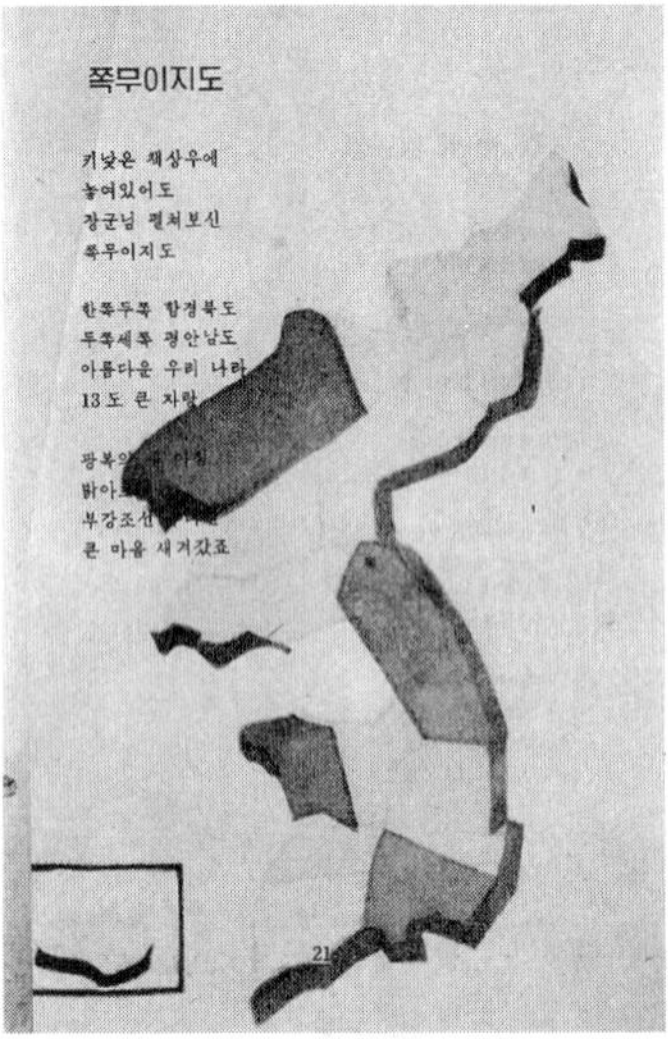

朝鮮半島の紙製パズル

金一族の神格化作業

この金正日神話の特徴は、「白頭山の三台星」を登場させていることである。「サムテソン」とは、本来は「大熊座に属する星で、紫徴星を守る三つの星、すなわち上台星・中台星・下台星」のことであるが、北朝鮮のいう「サムテソン」は、「抗日武装闘争時期：三つの明るい星という意味から、〝英明な金日成将軍様と親愛なる金正日同志、抗日の女性英雄金正淑同志を高く敬い、形象的に指す言葉」（『朝鮮語大辞典』前掲）とあるように、金日成・金正日父子ばかりでなく、金正淑も含めた金一族を偶像化・神聖化するために新たに作られたものである。

金正淑の偶像化作業は、スローガンの木が発見された一九八七年頃から本格化しており、スローガンの木にはこの「三台星」をはじめ、「三大偉人」「三大英傑」「三大名人」「三大将軍」「三大英雄」などの文字が発見されたという。筆者の手元にある『現代朝鮮語辞典』には、「サムテソン」の項目はない。

金正淑の「慈悲深いお母様」神話は、一二一ページの第五七課「児童団員を救援された金正淑お母様」に登場する。

〈ダーン〉根拠地にウエノムが押し寄せてきたという、信号銃が響きました。抗日の女性英雄金正淑お母様は、児童団員たちを率いられて、裏山に上られました。ところが一人の少年が見当たりませんでした。銃を探してお父さん、お母さんの敵をうってやるといっていた少年でした。谷間では雨あられの銃声でした。少年が谷間に下りて行ったに違いありませんでした。お母様は急いで谷間に下りて行かれようとしました。〈先生、危険です。銃弾が雨のように降り注ぐのに、どこに行かれようというのですか〉人びとはお母様の前をふさぎ、懇切にお伺いしました。

〈あの子はどんな子なの?! あの子を失って私がどうして、座っていられるの?!〉

お母様は低いが力強い声で話されました。そして谷間に向かって跳ぶように下りていかれました。ところで、ちょうどその少年が雪をかき分けて、上がって来ていました。お母様はあまりにもうれしくて、駆け寄って行かれました。そして、そのままその場に立ちつくされました。少年の後を日帝野郎が追いかけて上がってくるのが見えたからでした。お母様はすばやく岩の後ろに体を隠されました。その少年は二つのこぶしを握りしめ、思いっきり走りました。その少年が岩の前を過ぎるや、はあはあ息を切らしながら、日帝野郎が近づいて来ました。日帝野郎が岩の側を通り過ぎる時でした。お母様は棍棒でそいつの後頭部を思いっきり打ちのめしました。日帝野郎はギャーと声を出して、雪の上にばたっと倒れてしまいました。〈先生！〉少年はお母様の胸に顔をうずめました。お母様はその少年を温かい懐に、ぎゅっと抱きしめられました。お母様は少年の手を引いて、急いで戦場を離れられました。谷間では日帝野郎たちをやっつけた遊撃隊員たちの銃声がますます激しく鳴り響きました。

金正淑はスローガンの木では、「抗日の女大将」「白頭山の女将軍」「われわれの指導者」「女傑」「女神」などと称賛されている。

金正淑の神格化作業は、スローガンの木の贋作だけでなく、生まれ故郷の咸鏡北道・会寧に高さ一五メートルの金正淑像を建てたり、生家を革命史跡に指定し、住民や学生たちに強制参拝をさせている。

李舜臣は例外

一一九ページの「巨亀船」は、金親子とは関係のない反日教材である。

今から四百余年前のことでした。ウエノムたちは船に乗ってたびたびわが国に押し寄せてきて、悪いことをしました。ウエノムたちをやっつけるには、よい船がなければなりませんでした。しかし、わが国には幾艘かの古い船しかありませんでした。その時、わが水軍の一指揮官であった李舜臣将軍は、人民たちと力を合わせ、あらたな戦闘船を作りました。

新たに作られた戦闘船の姿は亀と似ており、コブクソン（巨亀船）と呼ばれました。巨亀船は世界で第一番目に作られた鉄甲船でした。船の前には木の龍の頭が備え付けられ、鉄板で亀の甲羅模様に屋根を葺きました。船には二十個の艪を取り付け、幾つかの大砲の砲口も備えました。こうして船中で艪をこぎ、大砲も撃てるように造りました。巨亀船は見るからに立派で信頼するに足るものでした。ある日、ウエノムたちは数多くの船を率いて、わが国に侵入してきました。李舜臣将軍は巨亀船を率いて海に出かけました。巨亀船は口から白い煙を吐き出しながら、ウエノムたちの船に向かって真っ向から進みました。あたかも、霧の中で大きな龍がとぐろを巻いて走っているようでした。ウエノムたちは巨亀船を見て、海の怪物が現れたと大騒ぎしました。

この時、李舜臣将軍は命令を下しました。〈者ども、大砲を撃て！〉〈ドン、ドドン！〉ものすごい大砲の音と共に、数十の火の塊が一度にウエノムたちの船の上に飛ん

«꽝! 꽈꽝!»
요란한 대포소리와 함께 수십개의 불덩어리들이 한꺼번
에 왜놈의 배우에 날아 갔습니다. 여기저기에서 왜놈들의

「巨亀船」（小学二年生国語）

で行きました。あちこちでウエノムたちの船は燃えて壊れてしまいました。悪に陥ったウエノムたちも大砲をめちゃくちゃに撃ちました。しかし、巨亀船はびくともしませんでした。巨亀船はウエノムたちの船を追いかけ、みな壊してしまいました。この日の戦闘でウエノムたちの船はほとんどが燃え、多くのウエノムたちが魚の餌になってしまいました。わが国の水軍は大勝利をあげました。その時からウエノムたちは、巨亀船が遠くに現れただけでも、あたふたと逃亡しました。このように巨亀船はウエノムたちをやっつける戦いで大きな功労をたて、歴史にその名前を残しました。

「ウエノム」の連呼である。巨亀船は文禄・慶長の役で日本勢を破った鋼鉄船である。小学校の教科書に金父子以外の人物が紹介されるのは珍しい。

四　小学校三年生の国語教科書

小学校三年生用の国語の教科書は、主体九十一（二〇〇二）年十二月二十日に印刷・同月三十日に発行された五版である。価格は七ウォン五十チョン。四版の発行は二〇〇一年七月十九日。六三課、一四九ページで構成されている。第一課は「金日成将軍の歌」である。北朝鮮の出版物の第一ページには、必ず金日成か金正日の教示（お言葉）を紹介するのが通例であるが、三年生の教科書では教示のかわりに、「金日成将軍の歌」を登場させている。

「金日成将軍の歌」は北朝鮮では、国歌以上に歌われ、演奏されており、北朝鮮を代表する歌であるばかりでなく、金日成の個人崇拝を象徴する歌でもある。第二課の「花枕」では、「抗日の女性英雄金正淑お母様」が登場し、金正淑が金日成に新たな枕を作っているのを、金正日少年が側で楽しそうに見ているという文章である。祖国解放のために戦っている金日成、慈悲深く良妻賢母の金正淑、父母を慕う金正日少年という、金日成一家を偶像化するための、理想的な家庭像を描いている。

シャーマン号事件の大うそ

金正淑は金日成の良き妻であり、金正日の良き母であったばかりでなく、金日成とともに抗日ゲリラ活動に参加した「抗日女性英雄」としても、教科書にたびたび登場する。第三三課「敬愛する大元帥様をお守りして」では、金日成と共に金正淑が日帝野郎と戦い、金正淑の機転を利かせた戦術で日帝軍人野郎をこてんぱんにやっつける。「金日成将軍万歳！　敬愛する大元帥様を慕い万歳を叫ばれる金正淑お母様の目から、さわやかな涙がこぼれました。敬愛する大元帥様を命をかけてお守りした喜びの涙でした。絶えることのない万歳の声は、はるか遠くまで鳴り響きました」。金正淑については小学校四年間に、教科書の「抗日の女性英雄金正淑お母様の幼児期」で別途に学ばされる。

革命一家としての金一族への崇拝、偶像化作業は金日成・金正日父子と金正淑にとどまらず、金日成の祖父母や父母、それに金日成の兄弟にまで及ぶ。父親（金享稷）と祖父（金輔鉉）は第四一課「再び飛んだパクセ（シジュウカラ）」では、傷ついたシジュウカラを金日成少年が治してやり、再び大空を飛べるようにしたいと言った時、心優しい金日成少年のために、父親は薬を塗ってやり、祖父は鳥かごを作ってくれた。金日成少年のおかげで傷が治ったシジュウカラは、「敬愛する大元帥様に感謝の挨拶をするかのように頭の上をぐるぐる回って、森に飛んでいきました」。

『偉大な領導者・金正日元帥様の幼児期』

金日成の母親康盤石は第二五課「二丁の拳銃」に登場する。金日成が地下活動をしている時に、「敵ども（日本の官憲）」に捕まりそうになり、「わが国の女性運動の卓越した指導者・康盤石お母様」が機転を利かして、金日成を救ったという話である。最後は「敬愛する首領大元帥様の革命活動を助けることならば、命も惜しまない康盤石お母様！」「敬愛する首領大元帥様は、お母様の高い意志を胸に刻み、拳銃を両手でがっしりと摑まれました」としめくくられている。「この偉大な母にして、この偉大な子あり」なのか、康盤石は慈悲深い母親であるばかりでなく、金正淑と同じく、時には「最愛の息子」のためには、命も惜しまない強い母親として紹介されている。

金一族は全て愛国革命家として教科書に登場しているが、どれも歴史的な事実ではない。筆者は大学時代に日朝友好運動にはまっていた時期があり、朝鮮総連が発行する北朝鮮関係の本や雑誌などを多く読んだことがある。その中で金日成の曾祖父の金応禹が一八六六年に、アメリカの商船ゼネラル・シャーマン号が大同江で撃退された、いわゆる「シャーマン号事件」で、同船を撃退する戦いの先頭に立った愛国者であった、という歴史的事実とは異なる説明に、違和感を感じたことがあった。日本人はともかく、北朝鮮の子供たちは疑問を感じることなく、教師の言う通りに復唱し、無条件で暗記するしかないのである。

繰り返しの効用

第六課「温かい懐」は金日成と少年団員との、心温まる交流を描いたものである。

主体二十三（一九三四）年の初秋の頃でした。敬愛する首領金日成大元帥様は、日帝野郎たちに父母を殺された子供たちに会おうと、児童団学校を訪ねられました。敬愛する大元帥様が、児童団学校の庭に入られるや、子供たちはわれ先にと争って走って来ました。〈アボジ（お父さん）将軍様！〉子供たちは寝てもさめても夢に見た懐かしい敬愛する大元帥様の懐に抱かれました。敬愛する大元帥様に会って喜びはしゃぐ子供たちの中には、古びたズボンと服を着ていたり、素足によれよれのスカートを巻いた子供たちが多くいました。日帝野郎たちの〈討伐〉にあった時に、火の中から飛び出して来たのか、顔にやけどを負った子供たちもいました。敬愛する首領様は、火傷を負った一人の子供の手を握られ、児童団員を一人ひとり見舞われました。そして裸の子供たちの姿に、涙を禁じえませんでした。吹雪く寒い冬に、温かな着物も着られず、父母もなく過ごす不幸な子供たちを見守られる、敬愛する大元帥様のお心は、とても悲しく痛みました。そして子供たちを孤児にした日帝野郎たちに対する、湧き上がる憎悪で激しい感情を抑えることがおできになりませんでした。しばらくして敬愛する大元帥様は、心を落ち着かせられて、児童団員たちに熱く語られました。〈お前たちはわが祖国のつぼみであり、将来の柱だ。お前たちが明るい時はわれわれも明るく、お前たちが立派に育てば、われわれも気力が沸いてくる。……早くどんどん大きくなって国のすばらしい柱になってくれ〉子供たちは明るくなった顔で〈はい、そのようにします〉と、声を合わせ力強く応えました。そして気分がいいと騒ぎ立てました。敬愛する大元帥様は、子供たちの笑みに満ちた顔を見られて、少しは心が安らかになるのを感じられました。それから数日後のことでした。敬愛する大元帥様は児童団員のために、わざわざ戦闘を組織されました。この戦闘で生地と綿をはじめ、多くの物資を得て来るようになりました。敬愛する大元帥様は子供たちの顔を一人ひとり思い出すように、深く考えにひたっておられましたが、綿布団と新品の服、靴、学習帳を早く作って、児童団員たちに送ろうと話されました。こうして児童団員たちは敬愛する大元帥様が送って下さった新品の服、靴、学習帳を受け取ることができました。敬愛する大元帥様の温かい愛情と温情を受け取った子供たちは、とても感激し喜びの涙を流し、どうしようもありませんでした。児童団員たちは敬愛する大元帥様のお言葉を守り、早く大きくなって国のすばらしい柱になることを固く誓いました。

可哀想な子供たちに温情を施す、「敬愛する大元帥様」の文字が十三回も出てくる。教

「勇敢な児童団員たち」(小学三年生国語)

室で学ぶ子供たちに、教師はまず家を焼かれ父母を失った不幸な子供たちを作り出したのは、悪逆非道な日帝野郎であることを強調する。そしてすかさず、このような不幸な子供たちを救って下さったのは、情け深い「敬愛する首領金日成大元帥様」であることを、繰り返して説明することだろう。純粋な子供たちは不幸な子供たちの境遇を自分と重ね、日帝野郎の蛮行を憎悪し、金日成大元帥様の温情にこの上なく感謝するようになる。

児童団は労働党の貯水池

金日成は満州でゲリラ活動をしていた時に、児童団員に贈り物をしたエピソードを回顧している。長い引用であるが、北朝鮮における金日成・金正日に対する神聖化や個人崇拝を強要する教育の原点を、この文章に見出すことができる。

その子どもたちがある日、裏付きのパジ（朝鮮式のズボン）・チョゴリとパジの裾ひも、灰色の絹チョッキ、乗馬ズボン、靴、長靴、黒ゴム靴などをそろえて、わたしのところへ持ってきた。それは、児童団学校にたびたび戦利品を贈ったことへの返礼であった。われわれは日本侵略軍の輸送隊を襲って分捕った朝鮮リンゴを残らず児童団員に贈ったこともある。遊撃根拠地の子どもたちの中には、異郷で生まれて一度も朝鮮の土を踏んだことがなく、祖国のリンゴすら見たことのない子どもたちが多かった。遊撃隊員が手に入れた祖国のリンゴを箱ごと持っていったとき、児童団員たちがどんなに感激し、どれほど深い感謝の念に燃えたかを、そのエピソードの証言者、体験者である金玉順は、しばしば熱い思いで回想している。

朴吉松児童局長はある日、児童団学校を訪ねてこういった。

「みなさん！　金隊長先生はわたしたちをわが子のように深く愛してくださっています。ところが、わたしたちは恩顧をこうむるだけで、それに報いられずにいます。金隊長先生に、わたしたちのまごころを少しでもお見せしなければならないと思うのですが、どうすればいいでしょうか」

（金日成『金日成回顧録　世紀とともに　3』）

日本軍から略奪した物資を児童団員に贈って、感謝される金隊長（金日成のこと）の美談と、その恩に対して、児童団員に代価を求めるこの文章は、そのまま現在の北朝鮮の子供たちにも当てはまる。金日成は同書で次のようにも述べている。

今日も、朝鮮革命は社労青（朝鮮社会主義労働青年同盟）とともに少年団を労働党の有力な貯水池とみなしている。われわれが全国の財宝を集めて子どもたちの宮殿を建て、次の世代の教育に惜しみなく投資しているのはそのためである。

それで、わたしはいまも幹部たちに向かって、若い世代を愛するようにといい、子どもたちを国の「王様」だと再三強調している。

北朝鮮の教育の目標は「共産主義的新しい人間」をつくることであり、そのためには金日成・金正日に対する絶対的な忠誠心を誓わせなければならない。金日成はそのために全国の財宝を集めて平壌に学生少年宮殿を建て、学生に慈悲深さを見せているだけのことである。「子供は国の王様」とはいうが、その恩恵に与っているのは平壌など一部の都市の子供たちだけであって、農村や山間奥地の子供たちの中には、食糧不足などから、学校にも行けない子供たちもいる。すでに幾度も指摘しているように、この文章は子供たちに「十一年無償教育」の美名をうたいながらも、実際には「義務労働」を課して、「義務教育に対しては、無償の労働を提供する」という代価を要求しているのである。

小が大を負かすには

二一ページの第九課「勇敢な児童団員たち」は、愉快な児童団員の話である。

児童団員たちが日帝野郎の銃を奪おうと、峠の道で奴らが現れるのを、待っていました。チョルスとヨンチョリは岩の後ろに隠れ、ポクニョは道で奴らが来るのを見張りました。ついに、日帝警察の野郎二人が現れました。ポクニョはスイカを入れた籠を背負って、警察野郎たちに向かって歩いて行きました。〈どこへ行くんだ〉髯を生やした野郎がポクニョを立たせて大声を上げました。〈おばあさんの家に行きます〉〈なに、これはスイカではないか?〉横に立っていた奴がスイカの入った籠を横取りしてしまいました。〈だめです。だめです。これはおばあさんに持っていってあげるのですから〉ポクニョは泣くフリをしながら、奴らに籠を渡してしまいました。奴らはスイカを取り出して、飢えたようにむしゃぶりつき始めました。この時とばかりにポクニョは、懐からそっと唐辛子の粉を取り出して、警察野郎たちの顔におもいっきりふりかけました。奴らは目を真っ赤にしてふらふらしながら帰って行きました。この時、チョルスとヨンチョリが走って来ました。チョルスは棍棒で髯野郎の頭を殴りつけました。ヨンチョリもマサカリで横の奴を切りつけました。そしてすばやく拳銃を奪ってしまいました。児童団員たちは銃を持って、偉大な首領金日成将軍様が率いていらっしゃる、遊撃隊を訪ねて行きました。

幼い児童団員が日帝の巡査（警察）野郎から拳銃を奪う話は、一年生の国語の教科書にも出てくる。教室で教師は子供たちに、悪辣な日帝巡査野郎はいくら殺してもよく、さらには奪った拳銃は偉大な金日成将軍様に持っていくようにしましょう、と教えているのだろうか。幼い子供でも知恵を働かせば、強い日帝巡査野郎も恐くないと、付け加えるだろう。同じように幼い子供（北朝鮮）でも、強い巡査（アメリカ）を相手に、知恵を働かせれば（核兵器やミサイルで）、相手をやっつけることができると説明していることだろう。

もう一つの光明星

四四〜四七ページの「白頭山に輝く光明星」も、金正日神話である。

光復前、鴨緑江岸のある村であった話です。抗日遊撃隊の輝かしい活動に手を焼いた

「白頭山に輝く光明星」（小学三年生国語）

日帝野郎たちは、白頭山から遠くない小さな村にも警察官駐在所を作りました。駐在所長野郎は抗日遊撃隊が、いつ襲ってくるか知れないので、机の下で夜を明かしたりしました。そんなある日の夜明け頃のことでした。

〈リリリーン、リリリーン……〉恵山警察署の署長野郎がかけてきた電話の音が、けたたましく鳴りました。駐在所長野郎は、ため息をつきながら地べたを這って来て、受話器を取りました。〈所長か、今すぐ窓を開けて、あっちの白頭山を見ろ。

白……白頭山に三つの将軍星がまた輝いたのを見ると、金日成将軍部隊が、国境を越えようとしているのは明らかだ。国境警備をさらに強化せよ、分かったな？〉〈ハッ！〉とっさに答えた駐在所長野郎は、ぶるぶる震えながら窓越しに白頭山の方を眺めました。本当に白頭山の峰に輝く将軍星の横に、以前はなかった大きな星が新しく現れ、特別な明るい光を放ちました。駐在所長野郎は恍惚としてその姿にしばらく見とれていましたが、そのまま呆然としてしまい、その場にへなへなと座り込んでしまいました。しばらくして気を取り戻した駐在所長野郎は、巡査野郎たちを集めて、早く部落の人たちをみな呼んでこいと大声を上げました。巡査野郎たちはしばらく奔走した挙句に、駐在所の前庭に部落の人たちをようやく集めました。駐在所長野郎は恐れをなした目つきを隠せないまま、部落の人たちに大声でしゃべり始めました。〈やあ、みんなよく聞け、これから共産軍が押し寄せて来るのを、高いところから見られるように、見張りやぐらの一つでも作らなくては……〉ちょうどこの時でした。そいつの言葉に応えるかのように、遠く白頭山の方から不思議な音が聞こえて来ました。太鼓の音のようでもあり、雷の音のようでもあり、歓呼の声のようでもありました。つづいて綿花のような白い雲がもくもく広がってくると、そこから数千数万の鳥たちが一度に空高く舞い上がりました。鳥たちは白頭山の峰にそって何百羽ずつ群れをなして四方に飛んでいきました。ところでその中の一つの群れがこの村にまっすぐ飛んできて、旋回したのち、人びとの頭の上に無数の羽毛を落として南のほうに飛んでいきました。集まっていた人びとは金色に輝くその羽根を、一つずつ拾いました。

そうするとその羽根は紙切れに変わりましたが、紙切れごとに驚くべき文章が書かれていました。〈同胞たちよ、白頭山に独立星が輝いた〉〈白頭山将軍星の横にもう一つの光明星が輝いた〉〈ああ、朝鮮よ、白頭光明星誕生を知らせる〉偉大な領導者金正日元帥様が誕生なさったというこの文章は、本当に人びとの心に新たな希望と勇気を与えてくれました。部落の人びとは遠くに見える白頭山を仰ぎ見て、万歳の声を高く叫び、互いに喜んで抱き合い、踊りだしました。目の前で起こった事態に驚いた所長野郎は、何事が起きたのかと震える手で羽根の一つを捕まえました。瞬間、駐在所長野郎は〈あっ！〉という悲鳴をあげて、あとずさりしてしまいました。不安に陥った巡査野郎たちは顔色をかえ、駐在所長野郎が拾った紙切れをしげしげと見ました。すると、奴らも言葉を失って、呼吸もできなくなり、目だけをパチパチさせながら逃げ出しました。このようなことがあった三年後、日帝野郎たちが滅び、わが国は光復しました。

この教材を見て日本でも狐や狸が「木の葉を黄金に変えて人間をだます」話があることを思い出した。教室でこの話を教師から聞いた子供たちはさぞかし愉快な気分になり、それぞれが、空から舞い落ちてくる羽根が、宣伝ビラではなく、お菓子や絵本や、おもちゃなどであったならと、一時の楽しい空想にひたるかもしれない。

父は太陽、子は星

金正日の「白頭山誕生」神話は、第二九課「不滅の文章を刻んで」にも登場する。旧ソ連で生まれた金正日を、何がなんでも「白頭山誕生」であるとみとめさせるためには、小学校教育の早い段階から、子供たちに繰り返し学習させるのが効果があると考えるからだろう。

意義深い二月の名節を前にしたある日のことでした。分団ではスローガンの木についての、解説の集まりを持ちました。分団委員長のカンチョリが解説しました。

〈このスローガンの木を見てください。「ああ、朝鮮よ、白頭山に白頭光明星誕生」という文字が刻み付けられています。このスローガンの木では、白頭山で偉大な領導者金正日将軍様が、全同胞に知らせています。主体三十一（一九四二）年二月十六日！　この歴史的な日に、白頭山密営にある質素な丸太小屋で、われわれの偉大な元帥様が誕生されました。この慶事の日を迎え、白い雪片も祝福の花束となり、密営の丸太小屋の窓辺に音もなく降りました。本当に偉大な元帥様の誕生は、わが人民においてもっとも大きな慶事であり、喜びでした。

スローガンの木で「ああ、朝鮮よ」という言葉は、喜びと感激に溢れる全同胞を指す言葉です。そして「光明星」という言葉は、明るい光を照らす星という意味です。抗日闘士たちは、その時すでに偉大な領導者金正日元帥様を「三千里江山」に明るい光を照らしていかれる「白頭光明星」と高く受け止め仰ぎ見たのです。今日、われわれが享受している幸福は、偉大な元帥様が白頭山の故郷の家でお生まれになったことにより、さらに輝かしいものになりました。われわれは偉大な元帥様を奉る限りない栄光を、心に深くこめて、いつどこでも偉大な元帥様を忠誠で高く仰ぎ、お仕えしなければなりません〉

スローガンの木についての解説を聞いた学生たちの胸中には、偉大な領導者金正日元帥様を永遠に高く敬い、最後まで付いていくという心がこみ上げてきました。

筆者もこのスローガンの木を見たことがあるが、スローガンの文字そのものよりも、五十年以上も風雪雨に晒されていたというのに、よく読めるものだと感心したことがある。「光明星」は金正日の象徴であり、北朝鮮で、「光明星〇〇貿易会社」などと称する会社や団体は、金正日の息のかかった組織と思ってまちがいない。金日成の太陽に対し、金正日は星が象徴である。

北朝鮮は二〇〇六年七月五日に七発のスカッドやノドン、テポドンを日本海側に発射したが、「ノドン」や「テポドン」は北朝鮮の用語ではなく、アメリカがこれらのミサイルが発射された地名をとって付けた名前である。北朝鮮ではスカッドは火星十三号、ノドンは木星六号、テポドンは白頭山二号（火星六号、七号とも）と呼んでおり、どれも金正日と関係がある名前である。

在日朝鮮人も登場

小学校三年生の国語の教科書に、一ヵ所だけ「イルボン」（日本）の文字が登場する。

第二四課「退院する日」

今日はキョンイルが退院する日です。朝日が明るく輝きました。病院の門がさっと開かれると、キョンイルがお医者さんと看護師のお姉さんたちに取り囲まれ、歩いて来ます。〈キョンイル〉担任の先生と分団同務（友達）たちが駆け寄って行きます。本当に一緒に遊びたかった彼らでした。キョンイルも先生と友達を呼んで急いで走って来ます。〈キョンイル学生、友達とゆっくり歩いてみなさい。広い祖国の地を元気に歩きなさい〉先生がおっしゃいました。キョンイルは分団の友達と一緒に前に力強く歩いて行きます。〈本当にわがキョンイルが歩くというのか！〉お母さんはキョンイルを何度も見ました。お母さんの目から熱い涙がポロリとこぼれました。キョンイル一家がイルボン（日本）に住んでいた時のことです。ある日、幼いキョンイルを負ぶって、埠頭で重い荷物を頭に載せて運んでいたお母さんは空腹のあまり倒れてしまいました。この時、監督野郎が駆け寄ってきて、お母さんを靴で思いっきり蹴っ飛ばしました。キョンイルもその時、そいつの靴で蹴飛ばされました。この日からキョンイルは足が不自由になりました。お母さんはキョンイルを負ぶって、イルボンピョンウォン（日本の病院）を訪ねて行きました。〈お金をいくら出せと言うだろうか〉お母さんがこのように心配するのに、医者野郎は〈まず三十万円はなくちゃね……〉と、治療費から払えと言いました。〈三十万円だって？　そうすれば歩けるようになりますか？〉それは本当に払うことの出来ない、とてつもない大金でしたが、お母さんはこのように尋ねました。〈そうは言うものの、先ずは治療してみなければならないじゃないですか〉医者野郎はこのように冷たくあしらいながら、自分の部屋に帰ってしまいました。お母さんは目の前が真っ暗になりました。やむを得ず他の病院に行きました。しかし、人よりもお金をもっと重要視する世の中では、どこへ行っても同じでした。〈もうキョンイルは歩けないというのか〉お母さんの胸は張り裂けんばかりでした。そんなキョンイルの家にも、敬愛する首領金日成大元帥様の愛の手が差し伸べられました。キョンイルの家も社会主義祖国の懐に抱かれるようになりました。温情に満ちた祖国は、キョンイルを温かく迎え入れ彼の足を治してあげました。キョンイルの病院での生活は、毎日が感激に包まれていました。キョンイルを歩けるようにするため、自分の骨をあげてくださいと、手術室に押し寄せてきたお医者さんと看護師のお姉さん、うず高く積まれた高価な補薬や美味しい食事など。学校と同じく毎日病院に訪ねて来て、文字を教えて下さった先生と、分団の友達！　そのどれ一つも忘れがたい出来事でした。本当に素晴らしい社会主義祖国ではないか！　お母さんの胸中は限りない感激で溢れました。〈父なる首領様、本当にありがとうございます！〉敬愛する首領金日成大元帥様に何度も何度も感謝しました。……われわれの父である金日成大元帥様、われらの家は党のふところ……。分団の友達と一緒に幸せの歌を歌うキョンイルの目は喜びで輝きました。暖かな太陽の光が溢れる広い道に沿って、キョンイルは思いっきり歩いて行きました。

北朝鮮へ帰国した在日朝鮮人へ、温情を施す金日成の話である。教師は日本における在日朝鮮人に対する差別について説明し、このような不幸な同族を温かく祖国に迎え入れてくれた偉大な金日成大元帥様の存在を説き、一九五九年十二月十四日の第一次帰国船に乗った在日朝鮮人は「誰でもが自由に学べて、金日成総合大学はもとより、モスクワ大学にも留学できる」とか、「自分が希望する職種や居住地を自由に選ぶことができる」とか、「医療は無償で老後は年金で安定した生活を送ることができる」など、誰もがまだ見ぬ祖国での生活に胸をふくらませ、日本人妻も「三年たったら、里帰りできる」と信じ、帰国船に乗った。

帰国運動の蹉跌

しかし、「地上の楽園」での希望に満ちた生活の夢は、北朝鮮に到着するやはかなく消えた。筆者が講演のたびに引用する文献がある。

市民、学生たち歓迎群衆は、祖国に帰ってくる同胞は、ろくに着るものもなく、飢えた生活を送ってきたのだから、きっと、みすぼらしい惨めな格好をしているに違いない。この地上の楽園をみたら、きっとびっくりし、喜ぶだろう——と本気になって信じ込んでいた。歓迎委員会では、帰還者はオーバーも着ていないだろうからと、一着ずつ綿入れを準備していた。埠頭のスピーカーが、第一次帰還船「クリリオン号」と「ドボルスク号」の二隻が、第一仮停泊地点に到着、約一時間後に埠頭に横づけになることを知らせた。スピーカーは軽快な音楽を流し、「同志(トンム)たち、不幸せに暮らしてきた同胞を温かく迎えましょう」と繰り返していた。船が、だんだん近づいてくる。甲板に出て、埠頭を見つめている帰還者の姿が、だんだんはっきりしてくる。埠頭は、歓声と掛け声で興奮のるつぼと化した。自分たちの苦しい生活よりも、在日同胞のほうが、もっと不幸だったろうという同情からだった。帰還者のほうもさかんに手を振ってこたえている。夢に描いた〝地上の楽園〟を前にして、すっかり感激していた。ここまでは、帰還者側、歓迎側の呼吸はピッタリ合い、ムードはいやが上にも高まっていた。ところが突然、埠頭に異様な空気が流れた。歓迎側の呼びかけは急に消えた。船上の帰還者たちも手を振ることをやめた。一体、何が起こったのか。双方とも、相手の姿を見て驚いたのである。歓迎の群衆が予想していたのとはまるで違い、船上の帰還者たちの顔はつやつやと肥えており、服装は外国の金持ちらしい身なりをしている。惨めにやつれ、みすぼらしい格好をしていると思い込んでいただけに、その驚きは言葉にならず、茫然としてしまったのだ。そして急に、自分たちの身なりのみすぼらしさに恥じ入るように下を向いてしまった。帰還者のほうも、あっけにとられていた。〝地上の楽園〟に住んでいる人々とは思えない血色の悪い顔つき、みすぼらしい身なりばかりだった。啞然とした表情は、やがてこわばってしまった。祖国に帰国したという感激は、一瞬にして吹き飛んだ。「こんなはずではなかった」「これはあまりに違っている」「だまされた」「裏切られた」という思いがこみ上げてきた。タラップを降りながら帰還者たちは口々に日本語で憤懣をぶちまけ始めた。「あいつら、よくもでたらめばかりつきやがった」「すっかり、たぶらかされたぞ」

（柴田穂『金日成の野望（下）――望郷の日本人妻』サンケイ出版　一九八四年）

この引用文を一読すれば、在日朝鮮人の祖国への帰還がいかなるものであったのか、理解してもらえるだろう。もちろん、中には例外的に幸せに暮らした人もいただろうが。そして「三年がまんすれば里帰り」ができると思っていた日本人妻は、四十年以上たった今でも帰ることができずにいる（これまで三度にわたる日本人妻の一時帰国はあった）。中朝国境を越えて韓国に来る脱北者は一万人ちかくになりつつあるが、日本への脱北者は百人前後と言われている。

罪深い二冊

筆者が日朝友好運動に入ったのは、高崎経済大学に入った一九六六年からであるが、一九五九年から始まった在日朝鮮人の帰国運動もこの頃は、かなり下火になりかけていた時期だった。それでも日朝協会の事務所では「新潟―清津」などの歌を高らかに歌い、それこそまだ見ぬ地上の楽園に夢をはせていた。そんな筆者が本屋で寺尾五郎の『38度線の北』（新日本出版社　一九五九年）や、訪朝記者団の報告『北朝鮮の記録』（新読書社　一九六〇年）を見て、在日朝鮮人が北朝鮮にあこがれた理由を納得したものだった。

とくに寺尾の『38度線の北』は、白い顎鬚をはやした好々爺がにっこりと笑っている表紙で、見るからに北朝鮮へ行きたくなる。さらに本文も、「労働」が人びとを誘惑する、「低い、おくれた国」から「高い、すすんだ国」へ、「千里の駒」にのった五ヵ年計画、大豊作と女の力、経済の矛盾は大衆自身が解決するなど魅力的な内容である。これならば在日朝鮮人ならずとも北朝鮮に行きたくなるだろう。

さらにこれに追い討ちをかけたのが、五人の記者が書いた、訪朝記者団の報告『北朝鮮の記録』である。口絵は紙ふぶきが舞う中で、感激の再会をはたした二人の男性の涙にむせぶ写真である。この本は「近くて遠い国――まえがきにかえて」で「われわれの報告を信じがたいと思う人があるとすれば、それは日本の統治時代の朝鮮を頭にえがいて、それをそのまま新しい朝鮮にあてはめて考えようとしているからではないだろうか。偏見にとらわれた頭で現実をはかろうとすれば正確に反映出来ないのは明らかだ。その意味でこの報告が〝近くて遠い国〟をすこしでも日本に近づけ、〝古くて新しい隣人〟たちをより正しく理解するために役立てば幸いだ」とある。この言葉はそのまま北朝鮮の国語の教科書にも当てはまるのではないか。

さらに「はだかの朝鮮人——あとがきにかえて」では、「実はわれわれは、かって日本人が朝鮮を植民地として搾取してきたという引け目を負っている。どんなにひどいことをしてきたか、無茶なことをやってきたか、についても知っている。いわば〝低姿勢〟で訪問したのであるが、われわれの杞憂はすぐに吹き飛んでしまった。日本人の傷跡には触れない。暗い過去をむしかえして日本人をせめようとしない。過去は過去、今後は今後、とはっきり区別しているのである。かえってわれわれの方が、過去の日本のやり方を反省せざるを得ないような有様だった」。

今から四十五年前に書かれた報告書である。もし、この記者たちが現在、北朝鮮の小学生の国語の教科書に、金日成父子やその家族の称賛ばかりで、「ウェノム」「イルチェノム」(日帝野郎)など、日本人の卑称がつぎつぎと出てくるのを見たらなんと感じるだろうか。

この二冊ともう一冊、表紙が金日成の笑顔で飾られている『別冊週刊読売　チュチェの国——朝鮮』(読売新聞社　一九七二年九月)は、在日朝鮮人の帰国事業を知る上では、欠くことのできない必読書である。

「お母さんを待ちわびて」（小学三年生国語）

階級はなくなったか

三年生の教科書には、日本植民地時代の悪逆非道な地主（ここでは朝鮮人地主）や、悲惨な姉妹の話が出てきて、地主やイルチェノムに対する憎悪の感情を徹底的に教え込んでいる。

第四二課「お母さんを待ちわびて」

　この絵は幼い姉と弟がお母さんを待っている絵です。お姉さんは今、弟を負ぶって疲れきって寝てしまいました。一日中、弟をあやすために疲れてしまったお姉さんです。お姉さんは一方の手に粥の入った茶碗を抱いています。お母さんのために残しておいた粥が、冷たくなると思いぎゅっと抱きしめているのです。寝入ったお姉さんの背中には弟がおぶられています。お腹が空いて、お母さんを思い出し、しょっちゅう泣いていた弟です。もはや泣く気力もなくなり、目だけ大きく開いて台所を眺めています。むしろを敷いた地べたには、空っぽの茶碗と箸だけが残っていました。そして壁の柱には灯火がチョロチョロと消えかかっています。しかし、お母さんは夜遅くになっても帰って来ませんでした。どうして幼いお姉さんがこのような苦痛を味わわなければならないのでしょうか。それは悪徳な地主野郎が、この家の家族を借金だらけにしてしまったからです。この絵はわれわれのおじいさん、おばあさんたちが搾取を受け、圧迫された過ぎし日のことをよく表しています。われわれはこのような過ぎし日を忘れず、今日の幸福を作って下さった敬愛する首領金日成大元帥様と、偉大な領導者金正日元帥様の偉大な恩徳に報いるために、さらに熱心に勉強しなければなりません。

地主は搾取階級であり、人民を苦しめる悪徳な存在であり、徹底的に忌み嫌うように教えている。

第三八課「水がめ」。

숙이는 두 독을 채우고나니 맥이 빠졌습니다.
후들후들 떨리고
핑핑 돌았습니다.
춥기도 하였지만
시 고팠습니다.
온몸은 나른해
속으로 자꾸만 잦
것 같았습니다. 그
이는 쉴수 없었습
숙이가 물동이
휘청거리며 대문안
들어 설 때였습니

「水がめ」（小学三年生国語）

「光復前、ある村にスギという幼い少女がいました。スギのお父さん、お母さんは村に住むファン（黄）地主野郎の家でモスムサリ（住み込みの雇用人）をしていましたが、早くにこの世を去りました。そうすると、悪徳な地主野郎はやっと八歳になった幼いスギまでも、モスムサリとして引っ張って行きました」。このスギがある日、水がめを落として壊してしまい、それを見た地主野郎と、ニョピョンネ（かかあ）がスギを徹底的に痛めつけた。「お母さん」と叫ぶスギの悲鳴を聞き、「地主野郎を今すぐ、ぶっ殺してやろう。モスムと村人がわあわあ声をたてて集まって来て、地主野郎とかかあをやっつけました。その後、スギは地主の家を飛び出しました。しかし、どこへ行っても涙に暮れた生活だけがスギを待っていました。金持ちはますますいい暮らしをするようになり、貧しい者はますます苦しくなる搾取社会で、スギの生活は決して楽にはなりませんでした。スギは敬愛する首領金日成大元帥様が、建国してくださった後になってはじめて、幸せな生活を心行くまで楽しむことができるようになりました」

金日成は地主階級をなくしたが、自らは国民を「三階層五十一階級」に分類し、国民の三分の一にあたる核心階層の生活は優遇しているが、残りの三分の二にあたる動揺階層と敵対階層の人びとには、一日三食もままならないような生活を強いている。

学校は地主階級の搾取について、小学校一年生から教えているが、無償教育といいながら、児童や学生たちに無償の「義務労働」を課しているのは、立派な「搾取」ではないのか。誰も疑問を抱かないのか、それとも疑問を抱いていても、それを教師に尋ねたりすると、逆に思想を疑われかねないから、あえて質問をしないのかも知れない。

五　小学校四年生の国語教科書

小学校四年生用の国語の教科書は、主体九十二（二〇〇三）年四月十二日印刷、同月二十二日発行の五版。価格は八ウォン。四版は二〇〇一年九月十三日発行。六二課、一六四ページ。

第一課は「われらの教室」（偉大な領導者金正日元帥様が親しく書かれた詩）。国語の教科書の第一課は、金日成父子に関する文章で始まる。第三課「会寧の故郷の家」は金正日の母親金正淑の生家を、少年団員が見学する文章である。金正淑は「イルチェノムと地主野郎の虐政下では生活が出来ないので、早くから朝鮮独立のために戦ってきた父母について、主体十一（一九二二）年春になつかしい家を後にした」という。

金正日の母の名が郡名に

金正日が「唯一の後継者」として登場するや、亡き母親、金正淑に対する異常なほどまでの「絶対化」作業が始まった。まず、一九七四年初め、金正日の直接の指示によって、金正淑に関する「回想記」を北朝鮮全住民に学習することを強要し、その年四月には、金正淑を主人公とする「革命歌劇」を創作させて北朝鮮全域で上演することを指示した。（中略）金正淑絶対化の最たるものは、一九八一年八月十七日の中央人民委員会の決定した政令である。北部の両江道新坡郡を「金正淑郡」に改称するというものだ。もちろん、愛称などではなく、正式な政令による改称である。数千年間、地域住民のさまざまな出来事とともに親しまれてきた歴史ある地名が、ある日突然、独裁者の後継者の意向でその母親の名に変更されるという現象は、世界広しといえどもそうざらにある暴挙ではない。

（全富億『金日成の嘘』）

金正日は亡き母に異常なまでの執着を見せ、やがて革命家として金正淑を歴史の表舞台に登場させるようになった。筆者は一九九二年の八月に、中朝国境を流れる豆満江を踏査中、中国の三合村の小高い丘から対岸の会寧を眺めたことがある。田園風景が広がるのど

「タバル銃少年」（小学四年生国語）

かな町という印象があるが、この時まで、この会寧が朝鮮映画の不朽の名作といわれる「アリラン」の主役を演じた羅雲奎の故郷であり、金正淑の故郷であるとは知らなかった。その後、二人のことを知り、五年後にふたたび訪ねた時に、同じ丘から会寧の町をしげしげと眺めた記憶があり、豆満江越しに見える会寧の風景は今でも目に浮かぶ。

第五課の「タバル銃少年」は朝鮮戦争の時、人民遊撃隊の少年連絡兵であったスンドリが、任務の途中でミジェノム（米帝野郎）二人と韓国人通訳に出くわし、絶体絶命のピンチにおちいるが、機転を利かして米帝野郎が持っていた「タバル銃（弾倉が円盤のようなソ連式の機関銃）」を奪い取り、ミジェチャンギョノム（米帝将校野郎）一人を「向かってくる奴はみな撃ってやる」と撃ち殺し、「少し前まで

は獣のように吼《ほ》えていた奴ら」の残り二人を捕虜にするという、痛快な少年兵の活躍話である。三年生の国語の教科書第九課「勇敢な児童団員たち」に出てくる、少年少女が日本兵をやっつける話の米兵版である。教室でこの話を教師から聞けば、子供たちには米帝や日帝に対する憎悪の感情が高まり、「自分たちでもこんな悪い奴はいつでもやっつけることができる」という自負心が生まれてきそうな話である。

第七課の「みんな消えたイルチェノムたち」は、金日成の類まれ

성난듯 울부짖으며 솨솨 설레였다.
《돌격!》 동쪽 《토벌대》장교놈이 시퍼런 칼을 머리우에
번쩍 추켜 들고 악을 쓰자 총창을 비껴 든 졸병놈들이 우

「みんな消えたイルチェノムたち」(小学四年生国語)

なる計略にひっかかって、日本兵同士が戦って滅びてしまうという、面白い話である。

偉大な首領金日成大元帥様は、隊伍が深い谷間に入るやただちに休息命令を下されました。明け方にイルチェノムたちの兵営に火を放ち、数十里の道を一気にさっと抜け出して来た遊撃隊員たちは、痛快な戦闘話に花を咲かせ、まもなく寝入ってしまいました。敬愛する大元帥様は、寝入った隊員たちの間を静かに歩かれ、深い考えにひたられました。イルチェノムをやっつけた噂はすでに、東方部落の〈討伐隊〉野郎たちの耳に入り、西側の村の守備隊野郎たちの耳にも入ったはずだ。奴らは遊撃隊を捜して、あわてふためきながら東側と西側からやってくるはずだ。この谷間で憎き奴らをわなにかけなくては。このように決心なされた敬愛する大元帥様は、密林の中を見つめながら、歩哨所までみな見て回られました。真昼になった頃、歩哨所から敵どもが現れたという信号が来ました。敵どもは敬愛する大元帥様がすでに考え付かれたように、東側と西側から一度に押し寄せました。敬愛する大元帥様は部隊をたくみに南に抜け出させた後、機関銃撃ちのおじさんを呼ばれ、別途の戦闘任務を与えられました。敬愛する大元帥様の命令を受け、あとに残ったおじさんは隊伍がみな抜け出すまで、イカルナム（朝鮮赤松）の下に横たわって、両方から迫ってくるイルチェノムたちを、ゆっくり見極めました。しばらくして遊撃隊の最後の隊伍が出て行き、凶悪で不恰好なイルチェノムたちが、密林の中にちらほら現れました。機関銃のおじさんは敬愛する大元帥様が命令されたように、東側に向かって一発の銃弾を浴びせ、ガチャリと銃口を回して西側に向かって火花を放ちました。そしてさっとその場を離れました。イカルナムがうっそうと茂る密林の中では、かなり近づかないと互いの顔を区別することができません。敬愛する大元帥様は、すなわちこれを利用し、イルチェノム同士で戦わせようとなさったのです。ついに森の中で猛烈な戦いの火ぶたが切られました。イルチェノム同士が戦う、泥仕合でした。銃の音がダーンと破裂し、機関銃弾が木の枝をずんずんと揺らし、ビュンビュン飛んで行きます。ダーン、ダーンと手榴弾が破裂するたびに、土煙があがりました。あちこちで死にかけたイルチェノムたちの悲鳴の声が、うるさく聞こえてきました。空を覆いつくした密林が怒ったかのように泣き、ぎゃあぎゃあ騒ぎ立てました。〈突撃！〉東側の〈討伐隊〉将校野郎が刀を頭の上に掲げて、ありったけの声を張り上げるや、銃弾のあられから身を隠していた兵卒野郎たちがわあっと飛び出してきました。すると、パンパンパン、ダダダー、西側の守備隊野郎も大声を張り上げ、死にもの狂いで、はむかいました。刀を奪われた将校野郎は腰をがくっと折り曲げつんのめり、後を付いてきた兵卒野郎どももみなのけぞって倒れました。今度は西側の守備隊将校野郎が、拳銃を振り回し突撃と叫びました。怖さに震えていた兵卒野郎どもがそろそろ這って出てきた瞬間、東側から手榴弾がいっせいに飛んできました。ダン、ダダーン……凄まじい音とともに、拳銃を抜いた将校野郎の体が吹っ飛びました。後ろから付いてきた兵卒野郎どもも、群れをなしてひっくり返りました。争いはますます激しさを増しました。〈よくやるよ、徹底的にやってみろ!〉遊撃隊員たちは谷間を見下ろしながら、愉快に笑いました。敬愛する大元帥様も隊員たちと、にこりと笑っていらっしゃいました。敬愛する大元帥様の優れた戦法に引っかかってしまったイルチェノムたちは、自分たち同士で思いっきり戦って、みんな消えてしまいました。

恐れおののく佐々木野郎

天才的な戦略家の金日成が、鬱蒼と生い茂った朝鮮赤松の森でくりひろげた、天才的戦法によりイルチェノム同士が戦い、互いに相手をやっつけて最後は全滅してしまったという愉快な話に、教室から歓声が上がったことだろう。いくら鬱蒼と茂った森の中での出来事とはいえ、互いに相手を確認できないほどの茂みで、戦闘しあうものなのか、などと詮索するのは徒労である。北朝鮮の小学校の国語の教科書は、「読み方・書き方」を教えることに主眼をおいているが、そのための教材が、他の国の教科書と違うのは、単元(項目)のほとんどが、金一族の神聖化を図り、一族の偶像化を強要するために、歴史的事実を偽造した、作為に満ちた空想的作文を題材としている点だ。

日帝軍人野郎をやっつけるという、荒唐無稽な文章は四四〜四六ページの第一五課「白頭山の虎」にも登場する。

ある年の夏のことでした。〈討伐〉隊長の佐々木野郎は、白頭山の樹林の中で休んでいる遊撃隊を〈討伐〉せよとの命令を受けました。佐々木野郎は直ちに部隊に出動命令を下しました。ついに樹林の中に着いた佐々木野郎は、包囲陣を敷くようにしました。遠くからくまなく樹林を探し回った佐々木野郎は、向かい側の峰から歌声が聞こえてきて、煙がもくもくと立ち上がるのを見ました。〈ウーン、遊撃隊に間違いないな。今日は徹底的にやっつけてやらなきゃ！〉佐々木野郎が命令を下すや、鉄兜を被った〈討伐隊〉野郎たちが、息をはあはあはずませ喘ぎながら高い所に這い上がって来ました。ところがこれはどうしたことでしょうか。先ほどまで目の前で歌をうたい、踊りを踊っていた遊撃隊員たちが霧のように消えてしまいました。本当に鬼が哭《な》いたかのような不思議なことでした。遊撃隊が消えたかまどには相変わらず炎が燃えており、薬缶からも湯気が出ています。真昼間にすんでのところで、遊撃隊を逃してしまった佐々木野郎はあいた口がふさがりませんでした。〈これは一体どうしたというんだ？　空に上ったのか、それとも地に潜ったのか？　ウーン〉佐々木野郎は兵卒たちを見回すと、悲鳴を上げました。〈討伐隊〉野郎たちは意気消沈してその場にへなへなと座り込み、流れていく雲を呆然と見詰めていました。ちょうどその時でした。真向かいの山から、歌声が風に乗って聞こえてきました。間違いなく、さっきの遊撃隊が歌ったあの歌でした。気を取り直した佐々木野郎は〈あっちだ〉と叫び、兵卒たちを追い出しました。〈討伐隊〉野郎たちはまた遊撃隊が休んでいる峰をめがけて、ノロノロ這い上がって行きました。〈さあ、早く早く！〉佐々木野郎が怒鳴りまくると、兵卒たちは恐れをなしてチラチラ後ろを振り返りながら、注意深く上がって行きました。奴らが峰にほとんど上り詰めたところで、〈ダーン〉と、谷間を揺るがす銃声が響きました。奴らはブルブル震え、その場にピタリと立ちすくんでしまいました。銃声が響く方を見上げてみると、体が巨大な白頭山の将軍が崖っぷちに大きな刀をついて立ち、炎がメラメラ燃え盛る目で、睨みつけているのでした。奴らはあまりにも怖くて、首を縮めてブルブル震えてばかりいました。白頭山の将軍は山の下をぐるっと見渡して、ニッコリ笑い、崖の前にある一軒家にゆっくり入っていかれました。その瞬間〈ドーン、ドドドーン！〉と天地を揺るがすかのような稲光がして、雷が鳴り、雲が深くたちこめると、家がいつの間にか大きな岩に変わりました。しばらくして雲が切れると、その大きな岩の上には山中の王である、白頭山の虎がでんと座っていました。〈討伐隊〉野郎たちは恐れおののき、それぞれが隠れ場所を探しました。そのぶざまな格好を見ていた白頭山の虎が、〈ワーオ〉と山が裂けんばかりの大声を上げました。その瞬間、〈討伐隊〉野郎たちは四肢が麻痺し、気を失ったまま硬直してしまいました。しばらくして佐々木野郎が、一番早く正気に戻りました。〈俺は生きているのか？　死んだのか？〉佐々木野郎は目をこすって、あたりを見回しました。この時、ヒューという風の音とともに、毛並みがふさふさした虎が佐々木野郎の目の前に現れました。〈ああっ！〉佐々木野郎は悲鳴を上げて、せめて自分だけは助けてと、向かい側の山に慌てふためいて走って行きました。すると、生き残った奴らも大将野郎のあとを付いて走って行きました。しばらく走った奴らが、これで助かったとフーと息を吐いて立ち止まったところ、いつの間に飛んできたのか、虎が再び〈グワー〉と叫びました。すると、奴らは全てその場に石と化して固くなってしまいました。それから偉大な首領金日成将軍様の話を聞いただけで、日帝野郎たちはブルブル震えたそうです。

作り話であるから、いちいち詮索する必要もないが、荒唐無稽な馬鹿げた話にもかかわらず、最後は必ず「偉大な将軍様」を登場させて、憎き日本軍をこてんぱんにやっつけるのである。「佐々木」という日本人の苗字を使うのは珍しいが、全くの空想話にすぎない。

「朝鮮革命万歳」と九歳の少女

そのような項目のなかで、第二三課「クムスンの最期」は、実在の人物をテーマにした数少ない教材である。四年生の国語の教科書で、日本(人)への、反感、嫌悪感を培わせる、もっとも注目すべき題材である。


　すでに日が暮れたのか、路地裏は暗闇に包まれていました。通信連絡を終えて帰ってきたクムスンの足取りは軽かった。彼女は路地裏から大通りに出た。彼女がすこし行った時だった。前にイルチェホンビョンノム(日帝憲兵野郎)が向かってきていた。クムスンはすばやく奴を避けて通り過ぎようとした。ところが、憲兵野郎が横にさっと寄って来て、クムスンの腕を掴まえた。

〈来い〉

〈えっ、どうして?〉

〈つべこべ言わず、こい〉

憲兵野郎は無理やりクムスンを引っ張って、将校野郎がいる所へ行った。将校野郎は自分の前に立っている少女が、九歳にしかならない幼い子であるということを感じたのか、ニヤリとしながら尋ねた。

〈どこに住んでいるんだ？〉

〈この近くに住んでいる〉

〈嘘を言うとは悪い子だよ。遠くから来たようだが……、お前はどこから来た？〉将校野郎がクムスンを怖がらせて、秘密を聞き出そうとしていることは確かだ。

〈キルチョンリョンを越えて来たかい〉〈正直に言え。秘密の通路をしゃべれと言ってるんだ。お前が言わなくても、こちらは知っているんだ〉

将校野郎は脅迫し始めた。

〈みな知っているくせに、どうして聞くの〉

〈なに！〉

怒り狂った将校野郎は机をバーンと叩いた。と同時に憲兵野郎がムチでクムスンのふくらはぎを打ちつけた。ふくらはぎから肉片が飛び散り、血がしたたたった。

〈これでもしゃべらないか？〉

憲兵野郎が飛びかかってわめいた。

〈お前のような強盗野郎どもには話すことはない〉

クムスンは将校野郎を睨みつけて答えた。憲兵野郎がまた寄って来て頬を殴り、足で腰を蹴飛ばした。クムスンは倒れたまま取調室に引きずられて行った。クムスンが気がついた時、取調室には誰もいなかった。彼女は体を動かしてみた。体中が針で刺されたように痛かった。クムスンはかろうじて片方の手で、いつも懐に入れて歩いていたオルレピ（とき櫛）を取り出した。敬愛する首領金日成将軍様が下さった櫛だった。クムスンは思わず涙をこぼした。

〈将軍様は今どこにいらっしゃるのかしら？　北満に行かれるとおっしゃっていたが……将軍様！　クムスンは連絡任務を果たしました〉

クムスンは敬愛する将軍様がなつかしく、遊撃区を思い出した。クムスンが馬村に来て、一番初めにお会いした方は、敬愛する首領金日成将軍様だった。その時、敬愛する将軍様は遠路はるばる来られて、ご苦労であったと話され、大きな峠が多かったので、越えるのが大変だったでしょうと、やさしく尋ねてくださった。敬愛する将軍さまは、

있다. 사형장으로 가는 아홉살 난 금순이를 보고 사람들
은 모두다 이를 갈며 치를 떨었다.

「クムスンの最期」（小学四年生国語）

激しい戦いをして帰って来られるたびに、児童団員たちを訪ねて来られた。ある日、遊戯大公演をした時には、よくやったと一番先に拍手してくださり、別れる時にはクムスンの手にとき櫛を握らせてくださった。

〈将軍様、ありがとうございます〉

考えれば考えるほど胸にこみ上げ、クムスンはむせび泣いた。この時憲兵野郎が現れた。どんなに拷問をしても、クムスンの口を割ることが出来なかった奴らは、彼女の命を奪おうというのだ。

〈将軍様の娘らしく、最期を迎えよう〉クムスンは起き上がった。そしてとき櫛で静かに髪を梳《と》かした。

〈早くでろ！〉

憲兵野郎たちはクムスンを引きずり出して死刑場に向かった。クムスンの服はビリビリに破れ、体中から血が流れていた。しかし、クムスンの顔には勝者の微笑が浮かんでいた。死刑場に行く九歳のクムスンを見て、人びとはくやしがった。クムスンは首を上げた。そして自分に同情し、不幸に思うお父さん、お母さん、お姉さん、お兄さんたちに叫んだ。

〈お父さん、お母さんたち、どうして泣くのですか、泣かないで下さい。革命軍のおじさんたちが必ずやっつけてくれます。祖国が光復する日まで、強く戦ってください！〉

火を吐くようなクムスンの叫びに、奴らは恐れ慄き後ずさりした。続いて鈍い音が響いた。

〈イルチェルル　タドハラ（日帝を打倒せよ）〉

〈チョソンヒョンミョン　マンセ（朝鮮革命万歳）！〉

力強く叫ぶクムスンの哀切に満ちた声が遥か遠くまで響いていった。

殉国少女・柳寛順

金日成はキム・クムスン（金今順）について、「わたしは今順が殺されたことを知らされてから、しばらく児童団学校を訪ねなかった。そこへ行くのがそら恐ろしかった。今順のいない児童団学校、今順のいない児童演芸隊……こう考えると、悲しくてたまらなかった。敵は汪清の人たちからあんなにかわいがられていた演芸隊のチョウ、遊撃区のヒバリをわたしのそばから永遠に奪い去ったのである。（中略）今順の最期を伝える悲痛な知らせは、汪清一帯の革命大衆を奮い立たせた。腰営口の谷間では今順の追悼式がおごそかにとりおこなわれた。東満州各県で、憤激した数十人の青年男女が今順の仇討を誓って朝鮮人民革命軍に入隊した。コミンテルン系の雑誌や中国、日本の出版物は、世界被抑圧民族の解放闘争史に類例のない、この幼い英雄の死を競って報じ、『幼い烈女の略伝』と題して今順の英雄的な生涯を激賞した。あの小さな足で激流を渡り、峻険を越えて革命の歌を情熱的にうたいつづけた遊撃区のヒバリ今順は、このように九つの年で、世界をゆさぶる人物となった」（金日成、前掲書）という。

クムスンは実在の人物であったのだろう。金日成が「九つの年で、世界をゆさぶる人物」と言ったクムスン、本名金今順について日本語で書かれた資料を調べてみたが、それらしき事実を確認する文献を見つけることができなかった。

『金日成回顧録　世紀とともに　3』(朝鮮労働党出版社　一九九二年)のグラビアページ「革命の未来のために」に、クムスンの肖像画と関連した記事がある。金今順の壮烈な最期を報道した新聞資料(日本語)の一部分に、「今回の討伐に際しても八道溝付近で日本軍に捕へられた十二歳の一少女は懐中に数十枚の日本語で書かれた反戦ビラを隠して居り、訊問に対し殺される瞬間に日本軍兵士に見せて宣伝する積りであったと不敵な言葉を洩らしたとの事である」という記事が紹介されている。

新聞名と発行月日が明記されていないので、この「十二歳の一少女」が金今順であったのか、にわかに断定はできないが、おなじページで「幼い抗日英雄金今順を紹介した『東北抗日烈士伝』(一九三六・五)」と題し、「烈女小姑娘伝略」(中国語)の一部を紹介している。手元に『東北抗日烈士伝』がないので、この本に金今順の名前が出てくるのか、詳細なことを知ることはできないが、金今順のように幼くして抗日戦士の隊伍で働いた人物がいたのは確かだろう。研究仲間にこの本のことを聞いたら、確かにそのような題名の本はあるとのこと。中国における金日成の抗日活動について調べるのならば、北朝鮮の出版物よりも中国側の資料に当たる方がよいとのことだった。

金日成はさらに、「わが国の近代史には、柳寛順という著名な殉国少女がいる。（中略）柳寛順が西大門刑務所で獄死したあと、朝鮮民族は彼女を〝東洋のジャンヌ・ダルク〟と呼んで、いまなお熱い愛情をこめて追憶している」という。柳寛順については筆者は、留学中にそれこそ「耳にたこができる」ほど聞かされた。最近では韓国を訪れる日本人客が増加し、ソウル市内にある西大門刑務所（歴史館）を訪れた日本人観光客を、韓国在留の日本人女性が案内しているという新聞記事を読んだことがあるが、時代は変わったものである。

筆者が韓国に留学した三十三年前には、豊臣秀吉といえば、「壬辰倭乱（文禄・慶長の役）の時、朝鮮を侵略し略奪したナップンノム（悪い奴）」であり、柳寛順は「イルチェシデ（日帝時代）のサミルウンドン（三一運動）の時、日本人に殺された少女」であり、日本人の口から二人の名前を安易に出すことは、はばかられたものである。

ある日、知人と場末の映画館に柳寛順の映画を見に行った時のことである。三一運動を題材にした映画であったが、最期のクライマックスの場面で、柳寛順が西大門刑務所で憲兵（のような人物）に、日本刀で斬り殺される場面が出てきて、まさに刀が振り下ろされようとする瞬間、場内から女性の悲鳴があがった。あちらこちらから「イルボンノム（日本人野郎)」とか、「ウエノム」という声が聞こえてきた。映画が終わって筆者が館外に出ると、筆者が日本人と分かったのか「アクチランイルボンノム(悪質な日本人野郎)」と、露骨に言い寄ってきた青年がいた。

この時は友人と一緒だったので事なきを得たが、それにしても柳寛順を日本の憲兵が本当に斬殺したというのだろうか。憲兵とは似ても似つかない服装の俳優が演じる憲兵だっただけに、不自然極まりなく、映画も興味本位のもののようだったので、見終わっても後味が悪かったことを思い出す。

映画館からの帰り道、友人がいくつか日本語を知っていると言って、突然「トッキノイマカラ(時の今から)さん」を知っているかと言う。たしかに日本語らしく聞こえるが、どんな意味なのか筆者が考えあぐねていると、友人は韓国語の「トッキ」は鉈《なた》で、「イマ」はひたい、「カラ」は斬り付けるという意味だという。

また、映画などで「田中」がよく出てくるが、「田中」は韓国語では「ター(全部)」「ナクタ(釣る)」で、「田中さん」は「ター(全部)」「ナクタ(釣る)」で、「田中さんはみな取り上げる(奪い取る)悪い人」でしょ、とニヤリと笑いながら言った。今ではこのような冗談ともつかぬ台詞を言うような人はいないだろうが、三十三年前はこのようなことが話題にもなったのである。

いかに反日の気概を高めるか

今回、韓国の長年の友達に「クムスン」のことを学校で習ったことがあるかと聞いたら、「全くない」とのことだった。そう言えば、北朝鮮の小学校の国語の教科書にはクムスンは出てくるが、柳寛順は出てこない。友人は筆者と同年輩で、反共が国是であった時代の韓国で育ったから、金日成からとき櫛をもらった少女のことを教えられるはずもなかっただろうが。

この「クムスンの最期」は北朝鮮では大々的に宣伝されている。『回顧録』で金日成は「近年、今順を主人公とする小説や映画がつくられているが、それだけでは若い人たちに彼女の偉勲を十分に伝えることができない。今順のような少年英雄の業績を子々孫々伝えるためには、金や銅の像を建てても惜しくはない」と言っている。北朝鮮の子供たちは教師からこの話を聞かされて、それぞれ口々に「イルチェノム」の蛮行を罵り、クムスンに代わり憎き「イルボンノム」をやっつけることを誓ったのだろうか。日本（人）に対する敵愾心を植えつける題材としては、最高の傑作である。

筆者は一九九一年に二度、北朝鮮を訪問してから以後は入国できずにいるが、今度入国が許可されたなら、万寿台の金日成像ではなく、クムスンの像を見てみたい（参拝ではない）ものである。

資本家野郎が少年にムチを

四年生の教科書では地主に関する項目も目立つ。第一一課「仕事を求めて」は、悪徳日本人地主を扱ったものである。

鉄鉱石を掘る鉱山です。一人の少年がイルチェチャボンカノム（日帝資本家野郎）の前で、大きな石を持ち上げています。仕事を得るために、試験を受けているのです。父母もなく、助けてくれる人が一人もいない少年です。残ったのは幼い妹です。少年は生きていくために、働き口を探さなければなりませんでした。そのため妹の手を引いて鉱山に来たのでした。鉱山では試験をして合格した者だけに、仕事をさせました。試験は重い石を持ち上げることでした。日帝資本家野郎は憎々しげに少年を睨みつけ、怒鳴りました。

〈やあ、お前も試験を受けに来たのか？　それじゃ、その石を持ち上げてみろ！〉

少年は上着を妹に渡して、石の前に立ちました。石は傍目から見ても、少年よりもさらに重そうに見えました。しかし、それを持ち上げることができなければ、仕事口を得ることができません。少年はありったけの力をふりしぼり、なんとか持ち上げました。太陽の日に照らされた彼の顔は、不気味にゆがみ、膨れ上がった筋肉が今にも裂けそうでした。妹は横でお兄さんの姿を見ていて、気が気でありませんでした。

（お兄さんが合格できなかったらどうしよう）

心配のあまり彼女の二つの目から、涙が溢れました。資本家野郎は少年を眺めて、ずるがしこそうに笑っています。

（うん、見た目とは違うな。力があるところをみると、お金を少し出しても、大人のように安くこき使うことが出来そうだな……）資本家野郎は幼い少年を、馬や牛のように安くこき使う考えにいたく満足しました。

その昔、わが労働者たちはこのように資本家野郎たちの冷遇と蔑視を受け、不幸に暮らしました。石を持ち上げている少年は、われわれに今日の幸福が貴重であることを教えてくれており、その幸福を最後まで守るようにということを教えているようです。

次の文章は第四〇課「恨みに満ちた昔を忘れるな」に続いている。

この絵は恨みに満ちた昔の姿を教えてくれる絵です。真っ暗な洞窟の中から石炭を背負って出てきた少年が、資本家野郎にぶん殴られています。十歳前後にしか見えない少年の額からは血が流れています。倒れた少年の背中には、大人たちが使う大きな背負い箱が背負われていました。

真っ赤になった顔は涙でぐしゃぐしゃになりました。少年が着たつぎはぎだらけの古びた服は、お父さんが着ていたものを、繕い直したもののようです。空腹を抱え、一個、二個と石炭を積んだ少年は、ついには倒れてしまいました。最後の力をふりしぼって起き上がろうとしましたが、どっしりと重くのしかかる荷物のために、起き上がることができません。

資本家野郎が現れました。資本家野郎はやたらめっぽうにムチを振り回しました。ムチが振り下ろされるたびに、肉片を切り刻みます。少年の口から切ない悲鳴が聞こえてきますが、資本家野郎は少しも気にしませんでした。この光景を見て労働者のおじさんたちが、飛んで来ます。労働者のおじさんたちの目には、怨讐野郎に対する恨みと憎悪

「恨みに満ちた昔を忘れるな」（小学四年生国語）

の心がつまっていました。本当に資本家野郎たちは、人間の面をかぶった獣です。われわれはこのような怨讐野郎たちと、一つの空の下で暮らすことはできません。われわれは偉大な領導者金正日元帥様の懐のもとで、幸せになればなるほど、搾取され、圧迫されたおじいさん、おばあさんたちの昔のことを絶対に忘れてはなりません。

生き血を吸う地主野郎

資本家野郎を憎む文章は第三七課「毒蛇」にも登場している。

四日も食べず　赤ん坊は泣き叫び　お母さんはふらふらしながら　野菜を採りに行ったよ　地主が来ては　借金を返せってよ　地主野郎は毒蛇　岩の下のまむし

三年働いて　作った自分の畑　黍《きび》とトウモロコシが　一つ二つと生《な》ったよ　それを自分の土地だからと　ごっそり奪い去った　地主野郎は　岩の下のまむし

四年生の教科書には、九三～九四ページの第三四課「スニを想いだして」に、日本人ならぬ悪徳な朝鮮人地主野郎が出てくる。

僕は今日、芸術映画〈花売る乙女〉を見ました。この映画にはコップニの妹のスニが出てきます。今もスニの不幸な姿が、たびたび思い出されます。ある日、スニは病気の体で力仕事をしているお母さんを訪ねて、地主野郎の家に行きます。

地主の家の庭に入ったスニは、母屋の縁側に干してあった赤いナツメを見つけました。スニは一歩、二歩と近づいてナツメを一つ取り上げました。この時、部屋の扉を開けて外に出てきた地主のカカアがそれを見て、スニに走りよってきました。地主のカカアは

小学四年生国語（主体92年版）

すばやくスニを摑まえて殴りつけ、炭が赤々と燃えている火鉢に力いっぱい突きとばしました。顔にやけどを負ったスニは、双方の目に手をやって身もだえして泣きました。後から走ってきた地主野郎は、スニがヤクタンガン（薬剤を煮詰める壺のような陶器）をひっくり返し、山人参を食べられなくしてしまったと、容赦なく叩きつけます。その姿は本当に獣そっくりでした。スニはナツメ一個のために、ついには明星のような二つの目を失ってしまいます。

地主野郎はこのようなことをしてもびくともせず、スニのお兄さんを捕まえていき、お母さんを病気にさせて死なせてしまいます。またお姉さんを遠くに売り飛ばしてしまおうとたくらみ、自分のカカアの病気を治すといって一人残ったスニまで、深い山中に追いやってしまいます。このように地主野郎はスニとその家族に悪いことをします。僕は地主野郎を一度も見たことがありません。しかし、この映画を見て地主野郎がどんなに悪徳な奴なのかが、はっきりと分かるようになりました。地主野郎はわれわれとは一つの空の下には、一緒に生きることができない、なさぬ仲の敵です。今でもわが国の南の地には、地主野郎が威張っています。しかも、スニのような子供たちがどれほどいることでしょう。

人間の血を吸って自分の腹を肥やす悪徳な怨讐野郎たちを、みなやっつけてやらない限り、われわれは絶対に幸せに暮らすことはできません。今、僕の胸は地主野郎たちを、この地から永遠になくしてしまわなければならないという、強い決意でいっぱいです。

可哀想な南の子供

小学校四年生に地主は「人間の血を吸って自分の腹を肥やす」搾取階級であると規定し、「わが国の南の地に存在している」この地主野郎を、「永遠になくしてしまわなければならない」と教えている。しかし、あえて「南の地の地主野郎」とこだわるのは、韓国にはいわゆる「地主」のほかに、もう一つの地主、すなわち「傀儡政権を支えているアメリカ帝国主義者」という地主が存在しており、このミジェスンニャンィノム（米帝獣野郎）の象徴である、駐韓米軍が将来韓国から撤退することを良いこととして教えているのである。

金日成は北朝鮮の人民に「出身成分」と「社会成分」からなる身分調査を実施し、人民を「三階層五十一階級」に分類した。各個人の家系を三代前までさかのぼった階層や職業で分類した調査で、地主を、「核心階層」「動揺階層」「敵対階層」の三階層の中の、監視対象である「敵対階層」に分類し、徹底的に弾圧した。「敵対階層者」には、資本家、宗教関係者などが含まれている。金日成が一九四八年九月九日に朝鮮半島北部に朝鮮民主主義人民共和国を建国し、一九五〇年六月二十五日に朝鮮戦争が勃発するまでに、大勢の「敵対階層」対象者たちは韓国に逃れたが、居残った人たちとその末裔は進学、軍入隊、就職、結婚、住宅割り当て、医療、入党などでことごとく差別、排除されたのである（玉城素監修『北朝鮮Q＆A100』亜紀書房　一九九二年）。地主とは反対に、解放前の労働者は最上位に分類され、モスムサリ（他家に住み込みで働く使用人）や貧農出身者は二、三番目に、地主は最低の五十一番目に分類されたのである。

また、「スニを想いだして」に、「南の地にはスニのような子供が多くいる」と出てくるが、はたしてそうだろうか。北朝鮮の小学校の国語の教科書には、未だに米兵の「靴磨き」をしたり、「ガム売り」や「新聞売り」などをして、一家の生計を支え、月謝金が払えないので、学校に行けない韓国の「可哀想な子供たち」が登場する。このような「可哀想な南の地の子供」にたいし、北朝鮮の子供たちは誰もが学校に通い、幸せな生活をしており、この幸せな学校生活ができるのは「敬愛する首領金日成大元帥様」と、「偉大な領導者金正日元帥様」のおかげであると説明するのである。この慈悲深い金父子の御恩に報いるために、「一生懸命勉強して」金父子に忠誠を誓うのである。

筆者が留学した一九七三年頃には、たしかにこのような「ガム売り」や「靴磨き」の子供たちは大勢いたが、現在ではこのような子供たちを見つけ出すことは難しい。それにもかかわらず、北朝鮮の国語の教科書は小学校一年生から、「南の地の可哀想な子供たち」を、あたかも現存するかのごとく、繰り返して教材として取り上げているのである。北朝鮮から韓国に脱北した人びとが、韓国を目の当たりにして異口同音に言うのは「学校教育でだまされた」の一言である。

六　小学校の音楽教科書

教科書は、歌唱教材と「試聴曲」に大別される。一年生用の音楽教科書は三六課あり、そのうち二七課は歌唱教材で、リズムや音名等、楽典の学習を目的とした「試聴曲」と題された課が九つだ。

歌唱教材の課は、一つの課につき、一曲の歌唱教材が掲載されており、課により、数小節の「試聴曲」と題された曲がある。「試聴曲」の課には、リズムや音の呼び方の練習等、楽典の学習を目的とした曲や解説もある。子供に音を聞かせて採譜させたり、楽譜を見せて歌わせたりする目的も持っている。日本の音楽教育の、「ソルフェージュ」に相当するものであろう。

児童には高度な難曲

小学校一年生の「試聴曲」には、幼い児童への配慮からか、音符の拍数をりんごの絵で表しているものもあり、それなりに、子供の興味関心への配慮が見える。しかし、音楽的内容としては、高度なものを児童に要求しており、平易であること、児童の興味関心を重視することを第一としている日本の小学校一年生用と比べ、内容は大変難しい。

小学一年生の教科書（音楽）

日本の小学校の音楽教科書は絵本のように美しく、使用されている紙も上質で、製本は堅牢であり、表紙にはビニールコーティングが施されている。日本の場合、絵を含めて内容も全体的な印象も、小学校四年生用のものまで、絵本のようである。

これに対し北朝鮮の教科書は、本というより冊子であり、表紙には彩色が施してあるものの、中味は白黒の印刷で、紙質が悪く、紙の色はページによって違っている。何回かページをめくると、本の背にあるホッチキスが表紙を破って見えてくる。一年生の児童が取り扱うには華奢なつくりだ。

歌詞を見てみよう。一年生用歌唱教材の二十七曲中、実に二十六曲が金父子礼賛や国家政策高揚の歌だ。小学校一年生が入学したばかりの時に歌う第一課の曲は、金日成を礼賛する歌である。

金日成将軍の歌

作詞　リ・チャン
作曲　キム・ウォンギュン

長白のやまなみ　血に染めて
鴨緑の流れを　血に染めて
自由朝鮮　築くため
戦いきたりし　そのあとよ

ああ　その名も高き　金日成将軍
ああ　その名もゆかし　金日成将軍

広野の吹雪よ　語れかし
密林の長き夜　告げよかし
不滅のパルチザン　そは誰ぞ
絶世の英雄　そは誰ぞ
ああ　その名も高き　金日成将軍
ああ　その名もゆかし　金日成将軍

労働者　大衆の解放の恩人
民主朝鮮の　太陽よ
二十政綱　みなつどい
津々浦々に　春を呼ぶ
ああ　その名も高き　金日成将軍

ああ、その名もゆかし　金日成将軍

金日成が「戦いきたりし」相手は日本である。教師たちは歌詞の意味や言葉の由来を子供に教えるに違いない。北朝鮮では、小学校一年生の最初の授業で、反日の歌を教えるのだ。

この曲は勇壮で歯切れが良いが、音域が広く、最も一般的な十六小節の二部形式ではなく、二十小節もある。多くのリズムパターンが使用され、同じフレーズ（一まとまりの旋律）の反復は少なく、正確に覚えるのが難しい。小学校一年生にいきなり歌わせるには、指導が困難と思われる。

しかし、また、この歌は北朝鮮では最もよく歌われているようで、子供たちはすでに聞き覚えており、すぐ歌えるようになるのかもしれない。つづいて、金正日将軍、金正日の母親・金正淑を讃える歌などが次々と登場する。

金正日将軍の歌

作詞　シン・ウンホ

作曲　ソル・ミョンスン

白頭につらなる　うるわしい祖国
将軍あおいで　歓呼にどよめく
太陽の偉業つぐ　人民の指導者
マンセー　マンセー　金正日将軍

大地の花々　その愛つたえ
青き海原　その功うたう
チュチェの園きずく　幸せの創造者
マンセー　マンセー　金正日将軍

鉄の意志で社会主義まもり
われらが祖国を　世にとどろかす
自主の旗かざす　正義の守護者

マンセー　マンセー　金正日将軍

あどけない頬に小さい口を尖らせて、一年生の子供たちが「マンセー」（万歳）と歌う姿を想像すると、複雑な気持ちになる。

金日成一族の名前が歌詞にはないが、国家政策促進の歌がある。以下は小学三年生の教科書掲載のものである。

第二五課　社会主義のわが農村は暮らしが良い

リンゴの木が広がる農村の部落に
花のバスがブーブーやってくる
金日成大元帥様が作って下さった
社会主義のわが農村は暮らしが良い

笑いのお花がぱっと咲いた台所に

水道水がジャージャー溢れるよ
金日成大元帥様が作って下さった
社会主義のわが農村は暮らしが良い

文化住宅が広がる農村部落に
テレビジョンがランラン歌うよ
金日成大元帥様が作って下さった
社会主義のわが農村は暮らしが良い

音楽による洗脳

「水道水がジャージャー溢れるよ」「テレビジョンがランラン歌うよ」とは、笑ってしまう。北朝鮮では、一九九五年から四年程の間に、餓死者、病死者、行方不明者が合わせて三百万人も出たという。それでいながら、金正日は「わが農村は暮らしが良い」と幼子に歌わせている。

三年生に限らず、小学校一年生から四年生まで、金父子の歌がこれでもか、これでもかと出てくるのだが、これでは音楽の本来の目的である情操教育や人格の形成というより、金日成一族への忠誠心を植え付けるための洗脳に近い。

音楽的にも、最年少学年に対する配慮は少なく、中にはシャープ（半音上げる）やフラット（半音下げる）が多用されているもの、複雑なリズムがあるもの、音域が広く高い声を出さなくてはならないものなどがあり、繰り返すが日本と比べると一年生としては難曲が並ぶ。「金日成将軍の歌」には高い二点ホ音があるが、特に声楽の訓練を受けていない一年生の児童を対象にした選曲としては難しすぎる。

参考に、日本の小学校一年生用教科書（教育芸術社）の歌を紹介すると、わらべうたの

小学三年生の教科書（音楽）

「ひらいた　ひらいた」「かたつむり」「うみ」「ひのまる」「たなばたさま」「おしょうがつ」「うれしい　ひなまつり」等、昔から親しまれてきた佳曲や、現代の作家たちの手になるものもある。いずれも、旋律や歌詞が平易である。

北朝鮮の教師たちが実際に教室でどのように指導し、どのように児童を評価し、どの歌に重点を置くのか、詳細は明らかではないが、教科書の内容を徹底しようとすると、多くの時間を費やして厳しく指導する必要がありそうだ。

第九課　不朽の古典的名作「朝鮮の歌」

朝の日差しが美しく優しい
私の名前を朝鮮と呼ぶんだよ
このように尊く美しいわが国
この世でどこに見出すことができようか

三千里江山に金銀の財宝が溢れ

半万年の歴史を誇る我が国
兇悪なウエノムの奴らをこの地から追いだし
解放の鐘を高く高く鳴らそう

ウエノムも地主もみんないない新しい朝鮮
自由の山川に我らの主権を打ちたてよう
善良な人民が暮らす我が国　我々の手で長く長く輝かそう

「日本海軍」の盗作か

なお、「三千里江山」は朝鮮の意で、「不朽の古典的名作」とは、金日成が作詞・作曲した歌や戯曲のことである。平成十一年一月十三日付け朝日新聞夕刊に次のような記事があった。ソウルの植村隆記者の記事である。

朝鮮民主主義人民共和国（北朝鮮）の故金日成主席（一九一二―九四）が抗日パルチザン闘争を続けていた一九三四年当時につくったとされる革命歌謡「朝鮮人民革命軍」の

メロディーが、今世紀初めの日露戦争ごろに歌われた日本の軍歌「日本海軍」とそっくり（後略）。

この曲は、これよりずっと前に作られた「日本海軍」と基本的には同じ曲であり、「不朽の古典的名作」は、日本のパクリもあるらしい。

さて、北朝鮮の教科書に戻ろう。反米の歌もある。

第三六課　子供の戦車が進む

子供の戦車が進む
私たちの戦車が進む
山を越え川を越え突っ走る
米帝野郎をやっつけて万歳　万歳
共和国の旗よひるがえれ万歳　万歳

子供の戦車が進む
私たちの戦車が進む
立ちふさがる米帝野郎を粉々にした
南の地の友達よ万歳　万歳
大元帥様の懐に抱かれ万歳　万歳

歌とは、人々の心に理窟抜きに何らかの感情を刷り込むものである。このような教科書で育てられた子供はどのような思いを日本に抱くのだろう。

駆け足で、主だった課を見てみよう。

第一課　白頭山故郷の家に行きたい

第三課　ツツジ

歌詞に大元帥様が登場。ツツジは北朝鮮を代表する花だ（国花は木蘭）。

第四課　伽倻琴（カヤグム）と高音程二重奏

「偉大な党」「党とは父大元帥様、党とは指導者先生様ですよ」とある。

第八課　軽音楽〈自由歌〉革命歌謡
第一一課　金正日将軍は私たちのお父さん
第一三課　革命歌謡「私たちは子供団員」
三番の歌詞に「年は幼くて子供だけれど、固い心で勇敢に戦う」とある。
第一四課　女性独唱
「いつでも傍にいらっしゃる」ようにと但し書きが。歌詞に「母なる党」があるが、これは金正日を意味する。注意事項として「歌を聴く時に何を思い出しますか。敬愛する父金正日将軍様のふところで幸せに学び、育ってゆく希望に満ちたこれからを描いてみましょう」とある。
第一六課　私たちの国は良い国
一番の歌詞に「機械を作り、農作業を行う労働者、農民が主人になる国、ああ、我が国は人民の楽園、父なる大元帥様（金日成）が作ってくださったよ」。
第一八課　故郷の家の虹
家とは金正日生家のこと。金正日を神聖化する歌。
第一九課は「石つぶて」という曲。「大同江の水で舟遊びをしていたウェノムと地主野郎は大変なことになったよ。大元帥様（金日成）が友達を率いて石や岩をなげつけた」。

第二〇課　合唱「学習も生活も抗日児童団式に」鑑賞

子供に反日意識を植え付ける歌。

第二二課「愛の家」だよ

「母なる党」朝鮮労働党に対する忠誠心を誓う歌。

第二四課　歌おう　豊かな私達の祖国

「幸せに満ちた国を作ってくださったのは金正日将軍様。大元帥様に永久におつかえして」「この世に羨むことを知らずに生きる私たちの祖国が好きだよ」「人々が幸せを味わう私たちの祖国が好きだよ」と歌詞にある。

第二八課　ピアノ独奏「ホトトギス」鑑賞

「不朽の古典的名作『ピバダ』（血の海）」から、革命歌「ピバダ」に出てくる歌。

第三一課「日本軍国主義を打ち砕こう」

一番

過ぎし日に銃剣を振りかざして我が国の金銀財宝を奪って行ったウェノムを、金日成将軍様がやっつけてしまった。日本軍国主義は強盗野郎だ。
二番
今日では米帝の威光を借りて、南の地（韓国）に攻め寄って来る凶悪な怨讐。千里馬の我が国を奪おうとする日本軍国主義はついに滅びる。ついに滅びる。
三番
こわれた昔の夢を再び夢見ながら、我が国を我が物にしようとする侵略者野郎たち。
金日成の教えに従って日本軍国主義者をやっつけよう。

第三三課　男性重唱物語「大元帥様と党の息子として永遠に生きよう」鑑賞

このように、金正日が音楽の授業を使って、服従心を国民に植え付けようとしていることが分る。ここに列挙した内容は、小学校三年生用だが、北朝鮮の音楽の教科書は、一年生から四年生まで、ほぼこの調子だ。
教師は本当に自分の国を「人民の楽園」と信じているのだろうか。子供らはどのような気持ちで、旋律を口ずさむのであろうか。

金日成とゴーリキ

北朝鮮で「不朽の古典的名作」と説明される作品は、「金日成が作った」作品だ。前掲の第二八課「不朽の古典的名作『ピバダ』」も、金日成が作った、ということになる。ところが、『ピバダ』の物語は、ゴーリキの長編小説『母』のコピーだ。以下、関連箇所を引用する。

それは今日北朝鮮で金日成が一九三〇年代中盤の抗日武装闘争時代に、自分が直接創作し公演したと宣伝している不滅の古典的名作『ピバダ』は、実際は金日成が中学校のとき読んだという『母』(一九〇六年　ロシアのアレクセイ・マクシム・ゴーリキの長編小説)と、一九三〇年代中盤に中国上海の社会主義作家、芸術家たちによって制作され、満州地方でも上映されたことのある中国の反日芸術映画『狼山喋血記』、そして一九三七年に金日成が身をおいていた中国共産党東北抗日遊撃隊の根拠地で創作公演された演劇『血海歌』などの模倣作であるという事実である。

(李基奉著　宮塚利雄訳『金日成は中国人だった』イースト・プレス　一九九一年)

「名作」である『ピバダ』の物語の背景は、こうだ。

革命映画『ピバダ』はわれわれ人民に革命化の模範に、生活の教科書になっているだけでなく、自主性を擁護し闘争する世界の革命的人民たちを鼓舞するのに尽くしている。革命映画『ピバダ』を映画の画面に遜色なく移すための、党中央の精力的な指導と細部にわたるお力添えにより成し遂げられた輝かしい結実である。（中略）受難の血の海を闘争の『ピバダ』に作らなければならないというのが、この名作の核心であるということを明らかにしてくださった。『ピバダ』の主人公「オモニ」（母）は闘争という言葉すら知らない農村の素朴な女性で、彼女は血と汗にまみれた生活上の紆余曲折を通じ、ついに革命の真理を悟り、息子、娘を高潔な革命の道に導いただけでなく、自身も革命闘争の先頭に立ち、偉大な首領様に忠誠を捧げ闘った朝鮮女性の典型である。

これに対し、ゴーリキの『母』の物語について、同書の説明はどうだろうか。

小説の主人公である母ニロブナが歩んできた道、それは資本主義の搾取社会で生活の苦痛を言葉なく、涙で耐えてきた無学な女性が、早くから革命の道に入った息子と彼の同僚たちの影響を受けて階級意識に目覚めたあと、ついには百折不屈の女性革命家に成長していく過程を見せると同時に、もう一方では自然発生的な運動が、意識的な組織的闘争に転化されていく過程を見せてくれる。

如実に野望を表現

北朝鮮の小学校の最終学年である四年生の教科書は三四課の単元からなる。そのうち、第三一課は「民族器楽重奏〈統一虹〉鑑賞」。

これは、金正日による南北統一を歌ったもの。注意事項に「重奏にどのような楽器が出てくるのか、耳をすましましょう」とある他、「この民族器楽重奏曲には、全民族が偉大な領導者金正日元帥様を尊び、国の統一をなしとげようとする内容が含まれている」とも書いてある。

ニルリリガ　ニルリリ　統一虹
白頭山頂　正日峰に　統一虹

嚮導星を歌おう
美しく架かったね
白頭からハルラまで
縫い付けたね
ニルリリヤ　統一虹
ニルリリ　ニルリリヤ　統一虹

ニルリリガ　ニルリリ　統一虹
白頭山頂　正日峰に　統一虹
七千万が　一つになろう
きれいに架かったね
白頭からハルラまで
橋を架けたね
ニルリリヤ　統一虹
ニルリリ　ニルリリヤ　統一虹

ニルリリガ　ニルリリ　統一虹
白頭山頂　正日峰に　統一虹
嚮導星を受け継ごう
きれいに架かったね
白頭からハルラまで
リボンが延びたね
ニルリリヤ　統一虹
ニルリリ　ニルリリヤ　統一虹

※「ニルリリガ　ニルリリ」「ニルリリ　ニルリリヤ」には意味がなく、調子をとる掛け声のようなもの。

最後の第三四課は「アコーディオン独奏『統一列車は走る』鑑賞」。統一を念願する歌。注意事項に「わが民族がこれほどまでに望む祖国統一が実現し、統一列車に乗って、南の

호남벌을—번져주 세 —— 천 리마 뜨락또르
기중기도 달린다 천—리마 뜨락또르 기중기도 —달린다

「統一列車は走る」（小学四年生音楽）

地（韓国）に走っていく姿を盛り込んだ歌」
とある。

統一列車が走る
釜山行き列車が走る
統一列車が走る
湖南行き列車が走る
七百里洛東江に
生命水を引き入れて
新たな鋤がウロンウロン
湖南平野を広げてくれ
千里馬トラクター
起重機も走る
千里馬トラクター
起重機も走る

湖南とは韓国の全羅南・北道地方をさす言葉で、この一帯は朝鮮では昔から「穀倉地帯」として知られている。北朝鮮から韓国最南端の全羅道地方まで統一列車が走るという歌だが、要するに北朝鮮主導による南北統一を歌っている。穀倉地帯の富をも手に入れようとしているのか。なお、洛東江とは韓国最大の河川。朝鮮の一里は日本の十分の一の長さ（約四〇〇メートル）である。

すべては闘いの歌

日本で教育を受けた者が北朝鮮の教科書を見る時、用語に関して若干の混乱を感じる。私たち日本人は、「合唱」というと大勢の人が二つ以上のパートに分れ、ハーモニーを響かせて歌うことを指す。しかし、北朝鮮の教科書では「合唱」と書かれた曲でもパートが一つしかないこともある。また、二重唱、三重唱とは、二人、三人が違う旋律を同時に歌って、ハーモニーを響かせて歌うことをさすが、北朝鮮では、これも、パートが分れていない。

現在の日本の小学生用教科書は、戦前から親しまれている曲や現代の曲、外国曲などさまざまだが、北朝鮮では自国の作詞・作曲家による現代の曲のみが掲載されている。

北朝鮮では小学校は四年までだが、四年生までの全ての教科書は、金日成の礼賛歌で始まり、他のほとんどの曲が金一族の歌や戦闘意欲発揚を目的とする歌である。

日本に学制が敷かれた頃から、音楽教育の目的は「徳性の涵養、情操の陶冶」（長田暁二編著『日本唱歌名曲集』付録「日本唱歌発達史」全音楽譜出版社　一九九八年）にあり、文部省が中心になり多くの優れた唱歌が学校教育の場で普及した。外国の典雅な旋律に格調高い文学的な歌詞が与えられた曲や、日本人の手になる優れた芸術性を持つものが学校で歌われた。子供らの芸術性を養うこと、子供らが美しい音楽に感動することも、日本の国家は目的としていたのだ。「夏は来ぬ」「春の小川」「朧月夜」「荒城の月」「故郷」等、今日の日本人の心にいまだに宿り、心の癒しとなる名作が無数に普及した。これらの曲は歌詞も音楽も格調高く、世界に誇り得るものである。

比べて、北朝鮮の音楽教科書に登場する歌はほとんどが金一族礼賛、戦闘意欲の発揚、反日・反米であり、高い精神性、豊かな情操などは全く感じられないのである。

もちろん、戦前の日本でも戦意発揚の歌は歌われた。しかし、「水師営の会見」は乃木大将の功績や犠牲心を歌うものであり、「廣瀬中佐」は、命をかけても部下を救おうとする指揮官の心意気や武士道を歌うものである。北朝鮮では金一族以外の実在人物を称えたり、お手本にしたりする歌は音楽の教科書にはまずない、と言ってよいだろう。

第二章

北朝鮮の教育政策と教育現場

一　北朝鮮の教育政策と目的

二〇〇六年八月、筆者は某民放テレビ局の取材で、南北非武装地帯の韓国側から臨津江の対岸の、北朝鮮の農村を望遠レンズ越しに見ていた。宣伝村といわれるこの村は、北朝鮮の体制優位を示すために、韓国の農村よりも近代的な街づくりをしているといわれるが、行き交う人も少なく、何となく活気がない。とある農家の塀に「行く道は厳しいが、笑っていこう」というスローガンが白いペンキで殴り書きにしてあるのが見えた。

望遠レンズ越しにようやく見えたスローガンであったが、筆者は文字が解読できた瞬間、わが目を疑った。七月五日には日本海にスカッドやノドン、テポドンなどのミサイル七発をぶち込み、「先軍政治」を標榜し、「強盛大国」の実現をめざすという、強権的で居丈高な金正日政権の政治スローガンとは、およそ似つかないものだったからである。

国中いたるところにスローガンが張り巡らされている北朝鮮にあって、この「行く道は厳しいが、笑っていこう」のスローガンは、あまりにも正直すぎて物悲しさを感じさせる。筆者は二十年以上にわたる北朝鮮研究で、はじめてこのような、正直なスローガンにお目にかかった。しかも、北朝鮮とは敵対関係にある韓国側から、望遠レンズ越しとはいえ、はっきりと読み取られるスローガンである。

一族支配の王朝国家

同行したスタッフが筆者の説明を聞いて、ミサイルを発射するほど、外側から見れば元気のある北朝鮮が、どうしてあのような弱気のスローガンを掲げるのか不思議であるという。そして話は「いったい、北朝鮮ってどんな国なんですか」「北朝鮮はどんな教育をしているんですか」という質問に行き着いた。

北朝鮮という国を、「どんな国か」と、一言で説明するのは難しい。「金正日による独裁国家で、人民が弾圧され、食糧不足におちいっている国」と、一言で片付けることもできるが、一九四八年九月九日に建国した北朝鮮は、六十年近くの歴史を有する、国連加盟国でもある。

複雑怪奇な北朝鮮を容易に説明することは難しいが、こと、教育政策については、北朝鮮を「金日成による、金一族のための国」と考えれば、金政権維持のための装置でもある「教育政策や教育制度」は意外と容易に理解することができる。

北朝鮮が教育を通じて育成しようとしている望ましい人間像は、「社会主義教育の原理を具現し、つぎの世代を社会および人民のために戦うしっかりとした革命家、知・徳・体を兼備した共産主義的な新しい人間」（朝鮮民主主義人民共和国社会主義憲法の第四三条）と、規定しているように、「共産主義的な新しい人間」である。

北朝鮮憲法に定める「新しい人間」とは、要するに「金日成の、金日成による、金日成のための国」北朝鮮にあって、金日成・金正日父子に絶対的な忠誠を誓い、社会主義経済国家建設のために必要な、生産技術を備えた人間のことを言う。

一九七七年九月五日に、朝鮮労働党中央委員会第五期第十四回党全員会議で採択され、発表された、いわゆる北朝鮮の教育憲法ともいわれている「社会主義教育テーゼ」では、北朝鮮における教育の目的が「共産主義的な革命人材をそだてることにある」とした。そして第一に、そのためには、教育事業の全過程が党に対する忠実性の教養として、一貫しなければならないという「党性と労働階級性の原則」、第二に、金日成の主体思想の徹底した武装を追求する「主体確立の原則」、第三に、役に立つ生きた知識と実践能力を兼備した、革命人材として育てるための「教育と生産労働の結合の原則」などを提示した。

さらに、「朝鮮民主主義人民共和国教育法」（一九九九年七月十四日、最高人民会議常任委員会政令八四七号採択）も、第一章「教育法の基本」の第一条で、「教育は国の興亡と民族の将来運命を決定する重要な事業である」と規定し、第三条で「健全な思想意識と深い科学技術知識、丈夫な体力を持つ、信頼される人材を育てるのが社会主義教育学の基本原理である。国家は教育事業で社会主義教育学の基本原理を徹底して具現するように」と定めている。

つまり、北朝鮮の教育でもっとも重要なことは、「健全な思想意識」を植え込むための、政治思想教育である。そして「健全な思想意識」とは、ほかならぬ金日成・金正日・金正淑の「金親子およびその一族」に対する、絶対的な忠誠心を持つことである。

二百八十余の大学群

それでは北朝鮮の政策はどのようにして立案・施行されるのだろうか。『北朝鮮理解二〇〇六』（韓国統一部・統一教育院発行）を参考にしながら、その実態を見てみる。

北朝鮮の教育政策は、北朝鮮のほかの全ての分野と同じく、朝鮮労働党の指導原理によって樹立され、施行される。つまり、北朝鮮は国家機構と社会組織が、最高の権限を持つ朝鮮労働党の支配のもと、党の路線と政策を執行する道具として奉仕する党↓国家の社会主義体制である。

すなわち「党あっての国家」ということであり、よく聞かれる「北朝鮮の最高権力者は朝鮮人民軍最高司令官金正日ですか」という質問には、「北朝鮮の最高権力者は、朝鮮労働党総書記の金正日であって、朝鮮人民軍最高司令官金正日ではない」と答えている。たしかに、北朝鮮は人口二千二百万人中、正規兵百十七万を擁する「軍人大国」であるが、朝鮮人民軍といえども、朝鮮労働党の下部組織の一つに過ぎない。

このような国家権力体制のもと、北朝鮮の教育政策の樹立と総括指導は、「図1」にあるように、朝鮮労働党中央委員会傘下の科学教育部が統制する。そして教育政策の執行と教育に関連する行政の総括は、内閣にある教育省で行い、各級の教育機関はこのように党↓内閣の指導の下で教育を実施するのである。

北朝鮮の教育行政体系は、党、内閣、そして学校などから構成される「三元構造」から成り立っている。朝鮮労働党は、教育と関連した党中央委員会の決定を下級党委員会と内閣に、指示・伝達する。北朝鮮体制の特性上、党は内閣や現場の学校に対し、優先的な権

図1　教育機構

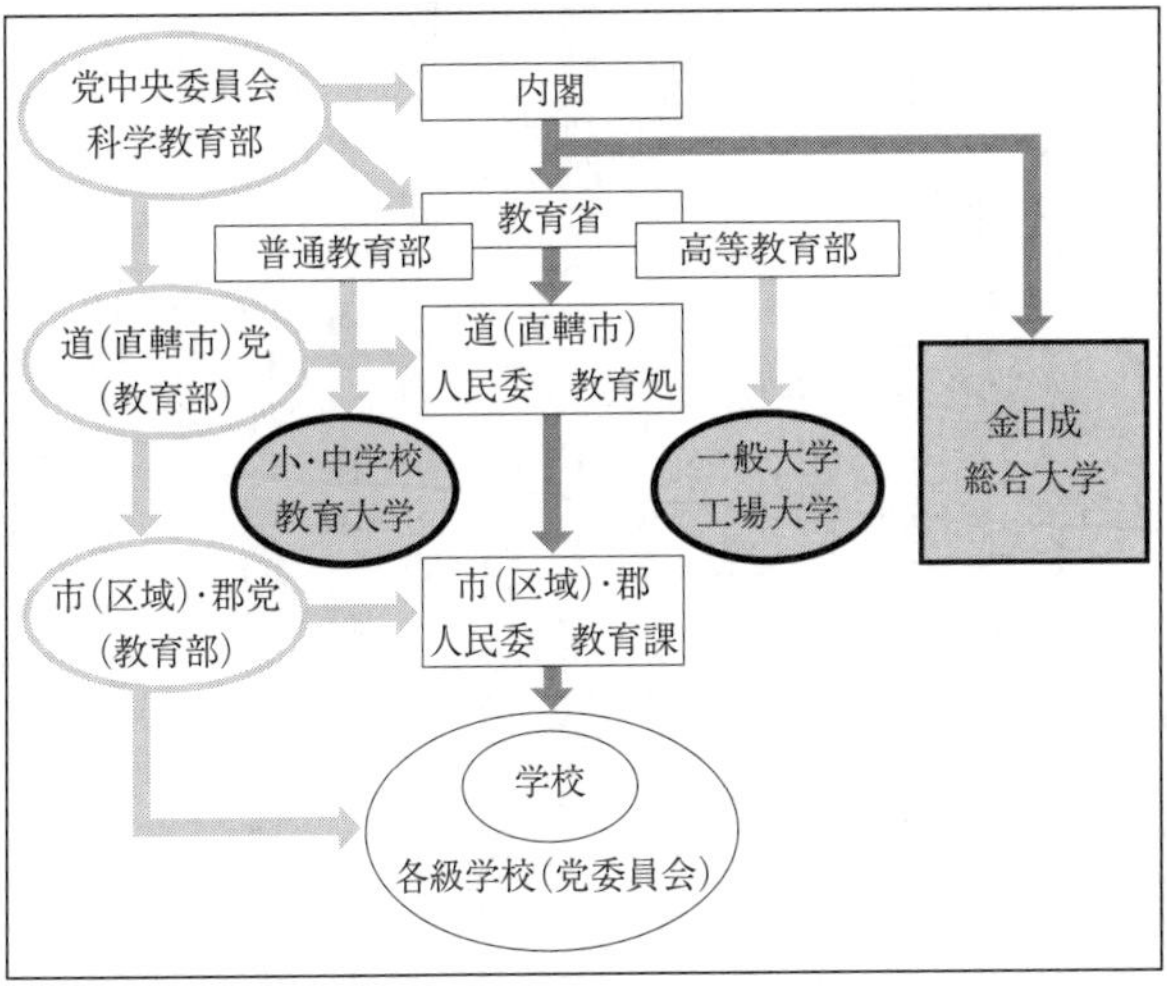

限を持ち、人事や教育問題を扱う。全ての学校は形式上、校長が責任を負っているが、実際には学校に派遣された、党委員会委員長の副校長が実権を掌握する。学校長は学校の責任者として、行政と財政を総括するのに対し、副校長は教員たちの組織生活を管理し、教授教養事業と思想教育事業を担当する。つまり、副校長は教員の人事権を握っているので、教員たちは校長には形式上、服従するようにしているが、実際には副校長の評価を得るために、努力するのである。

教育に関する行政的・実務的な業務は内閣の教育省が行う。教育省は該当業務を各道（直轄市）にある人民委員会の教育処に下達して、人民委員会教育処はこれを再び該当の市・郡にある人民委員会教育課に送付する。この教育指針が最終的に各級の学校に下達されると、その指針に基づき教育が実施されることになる。

学校は教育が行われる現場である。各級の学校は党と内閣の指導および統制を受けて教育を実施している。学校の行政組織は、学校長と学校単位の初級党委員会の委員長である副校長、経理主任などから成り立っている。

北朝鮮には小学校、中学校、大学があり、小学校と中学校は幼稚園の年長班とともに、義務教育制である。「十一年義務教育制」を実施している国は、世界的にも珍しい。高等教育機関としては金日成総合大学、金策工業総合大学、高麗成均館など三つの総合大学をはじめ、二百八十余りの大学と、平壌外国語学院と万景台革命学院などの特殊教育機関がある。また、体育や芸能芸術専門学校と技術系の専門学校も六百余りある。

十一年の義務教育とは別途に各種の特殊学校を設置し、芸能・体育分野の特技者教育と出身成分による特殊教育も実施している。「全民平等教育」をうたいながらも、北朝鮮では出身成分がよくないと、才能があっても生かすことができない、不平等な社会でもある。

二　北朝鮮の教育現場

北朝鮮の小学校の教育期間は四年間で、一年生から四年生まで同じ教師が担任にあたる。このため教師と児童のそりが合わないと、成績などに微妙な影響が出てくる。

一週間の授業科目と時間割は次の表の通りである（表1、2参照）。

筆者が二〇〇六年二月に入手した「成績証（通信簿）」によると、授業科目は「敬愛する首領金日成大元帥様の幼児期」「偉大な領導者金正日将軍様の幼児期」「抗日の女性英雄金正淑お母様の幼児期」「国語」「数学」「自然」「衛生」「音楽」「体育」「図画・工作」のほかに「社会主義道徳品性」などがある。

国語以上に重要な思想教育

授業時間では、国語の授業時間数が全授業数の三〇％以上を占めている点が特徴であり、このことから北朝鮮の小学校における国語の重要性を知ることができる。しかし、北朝鮮の小学校の教育で国語以上に重要視されているのは、「敬愛する首領金日成大元帥様の幼児期」「偉大な領導者金正日将軍様の幼児期」「抗日の女性英雄金正淑お母様の幼児期」である。

これらの三科目は特別な存在であり、「成績証」の最上位に書かれている。しかし、この三科目は科目としての重要さばかりでなく、この科目を学ぶ子供たちにとっても、重要かつ、時には苦痛な（それも相当な）存在であった。この三科目について、脱北者の貴重な証言がある。長いが引用する。

学校教育でもっとも重視されているのは、「金日成首領様の子供時代」と「金正日指導者同志の子供時代」という科目です。ですから、国語や算数の点の低い子よりも、この「子供時代」二科目の点数の低い子のほうが手厳しく怒られます。国語や算数なら「どうしてきちんと勉強できないの」と怒られる程度ですみますが、「子供時代」の出来が悪いと「おまえは落第だ」と容赦なく殴られ、場合によってはその子の人格問題にまで及びます。「わが国の偉大な首領様の足跡が憶えられないのは、おまえの心がまっす

表1　1週間の授業科目

番号	区分／科目名	学年別の週当たりの授業時間			
		1学年	2学年	3学年	4学年
1	敬愛する首領金日成大元帥様の幼児期	1	1	1	1
2	偉大な領導者金正日将軍様の幼児期	1	1	1	1
3	抗日の女性英雄金正淑お母様の幼児期	1	1	1	1
4	社会主義道徳品性	1	1	1	1
5	国語	8	8	7	7
6	自然	2	2	2	2
7	数学	4	4	5	5
8	音楽	2	2	2	2
9	体育	2	2	2	2
10	図画・工作	2	2	2	2
11	衛生	1	1	1	1

出所：韓国統一部情報分析局『北韓概要 2000』
(1999年12月)。

ぐに首領様のほうへ向いていないからだ。おまえは〝反動〟じゃないのか」と頭ごなしに批判されるのです。ですから、北朝鮮の子供たちは、試験が近づくと、何はさておきこの二科目に全力を注ぐのです。二つの「子供時代」は、ほかの国の教育科目で言えば「歴史」であり「社会」です。人民学校で習う科目には、一般的な「歴史」や「社会」という科目はありません。首領様と指導者同志の生きた足跡こそ、この国の「歴史」であり、「社会」なのです。「子供時代」の授業は、幼稚園から義務教育の十一年間を通じて途切れることのない反復教育です。幼稚園で習ったことを人民学校の四年間で繰り返し復習し、さらに高等中学校でより詳しく各論を〝学習する〟のです。

この二科目が最重要視されている証拠に、どこの幼稚園でも入園して最初の一時間目の授業が「金日成首領様の子供時代」、そして二時間目が「金正日指導者同志の子供時代」となっています。

「一九一〇年四月十五日、万景台で誕生されました」(一九一二年の誤り――宮塚注)。北朝鮮の子供たちは、自分の誕生日もよく覚えていないうちから、こんなふうに金日成の誕生日を、雀のように声を揃えてさえずるようになるのです。

(呂錦朱『「喜び組」に捧げた私の青春』)

表2　1週間の時間割

		月	火	水	木	金	土
07:30	学校到着						
07:40	学級別朝会						
08:00—08:45	1時間目	国語	国語	国語	敬愛する首領金日成大元帥様の幼児期	国語	国語
08:55—09:40	2時間目	数学	数学	自然	偉大な領導者金正日将軍様の幼児期	数学	体育
09:50—10:35	3時間目	自然	図画・工作	数学	抗日の女性英雄金正淑お母様の幼児期	社会主義道徳品性	数学
10:35—10:55	業間体操						
11:00—11:45	4時間目	音楽	体育	国語	国語	衛生	生活総和
11:45—12:00	終礼						
12:00—13:30	下校・昼食時間						
13:30—16:00	午後課外活動						

※北朝鮮教育省の課程案（1996年3月）を基礎に以後、時代変化を反映して作成。

※1学期16週、2学期18週制（夏・冬休み以外に3月末に1週間春休み）。

※ハン・マンギル他「北朝鮮教育現況及び運営実態分析研究」（韓国教育開発院、1998）と『北朝鮮理解2006』を合わせて参照し、筆者が作成。

革命史は〝神殿〟で

この二つの科目は呂錦朱が指摘しているように、高等中学校（現行の中学校）でさらに詳しく勉強することになる。

金父子、とくに金日成についての学習は特別扱いで、教室外でも行われる。

北朝鮮ではどの学校にも金日成元帥革命歴史研究室という〝神殿〟が設置されており、革命史の授業だけは必ずその教室で行われることになっている。その教室の正面の壁には決まった位置に金日成の御真影が掛けてあり、そのほかの壁にも少年時代からの首領様の足跡が写真や絵画で展示されていた。戦争ごっこをしている金日成の絵もあった。

当時、この教室で行われる授業では模範的な生徒に講師役をやらせて、先生は生徒たちの〝自主的な〟学習を見守っていることが多かった。その講師役を務めるのはいつも私だった。この役をおおせつかる生徒は、単に成績が良いだけではだめだ。統率力があり、しかも家の成分も良くなくてはいけない。

（白栄吉著　李英和訳『北朝鮮不良日記』ザ・マサダ　一九九五年）

出身成分が重要視され、頭がいいだけでは、畏くも偉大な金日成大元帥様について教えることができない、とはいかにも北朝鮮の教育現場らしい。

金父子に関する科目の講義は大学に入ってからも続けられ、十一年間の義務教育期間と、大学四年間にわたり、この二つの科目に苦しめられるのである。

筆者は北朝鮮からの脱北者チャン・キホン氏に取材し、彼の手記を翻訳した（『北朝鮮生活――カメラに映らない「北」の市民社会』イースト・プレス　二〇〇二年）。その折、彼から、この科目に対する思い入れと体験談を聞いたことがある。


北朝鮮の大学では成績も優秀でなければいけないが、専門分野の勉強よりももっと頑張らなければいけないことがある。

一般的に言って、大学に入ってから一年が過ぎると、教養科目はほとんど勉強しなくていいし、専門の勉強だけを中心にすればよいと考えられているが、金父子に対する学習はずっとつづけられる。大学生のみならず一般の人民たちには、死ぬまで金日成と金正日に対する教育が宿命のごとくついてまわる。大学の予備科から四年の卒業時まで

「金日成同志の革命の歴史」と「金正日同志の革命の歴史」「党の政策」「金日成主義の基本」「現行の党政策」「チュチェ(主体)哲学」のたぐいの教育がなされる。

金父子に関連する科目が優秀であれば、ほかの科目ができなかったとしても目をつぶってくれる。逆に専門科目がいくら優秀でも金父子に関する科目が悪いと、無条件に落第である。

北朝鮮では一〇~九点は最優等、八~七点は優等、六~五点は普通、四点以下は落第となっている。そして全科目の試験は、金父子の教示やお言葉を必ず書いてから、やっと問題を解くことができる。万一それを書かないでテストで一〇点満点をとったとしても、二点がマイナスされて八点となるのである。

金父子の教示やお言葉を書くときは、必ず一番上に書かなければいけない。

「親愛なる首領金日成同志が次のように教示なさいました」

「偉大な領導者金正日同志が次のようにおっしゃいました」

このように書いてから、初めて問題を解くことができる。

金父子の教示やお言葉は正確に暗記しなければならないが、必ず「　」(引用かっこ)を使って、そのうちの一文字でも間違えると〇点になる。合えば一〇点である。

たとえば金父子のお言葉を一文字も間違わずに覚えられなかったとしても、その内容を覚えている場合は、別の形式にのっとって書かなければいけない。

「親愛なる首領金日成同志が次のように教示なさいました」

「偉大な領導者金正日同志が次のようにおっしゃいました」

このように書き始めてから、「　」をつけずに、言った内容を書けばいいのである。しかしこの場合、一〇点はもらえず、八点以下の点数になる。

ところがこの金父子の科目は、たとえば数学の公式であれば考えて解くこともできるが、年代別に日付けまですべてが体系化されているので、丸暗記してこそ初めて書けるのである。一冊が普通五〇〇ページもある本を、それも一冊ではなく四〜五冊はあるのだから、それだけを勉強するのに精一杯で、他の科目の勉強は当然おろそかになってしまう。

「生活総和」で相互批判

金父子の著作の学習や暗記に苛まれるのは学校ばかりでない。農村でのつらい勤労奉仕の後でも、わずかな時間を惜しんでは「親愛なる首領金日成同志の労作」「偉大な領導者金正日同志の労作」の学習を続けるという。

もっとも、この金父子の科目に苛まれるのは、学生たちだけではなく、一般の労働者たちも同じである。

各職場で行われる金父子の著作集の学習会に出席したり、一月一日に発表される「新年の辞」(一九九五年からは「共同社説」)をしっかり覚えておき、正月明けに職場で発表しなければならないので、正月気分に浸っている余裕はないようだ。学生ではないが、それこそ一字一句、一言たりとも、間違えて暗記しないように最善の努力をしなければならないのである。

このために、北朝鮮のマスコミは金父子のお言葉と教示には、異常なまでの神経を使う。朝鮮中央放送の名物アナウンサーの李おばさんも、画面では平静を装って金父子のお言葉を、スラスラと独特の抑揚を付けて話しているが、万が一、一言でもうっかり間違えてしまったなら、降板だけではすまないだろう。

印刷物も徹底しており、「モリマル(はじめに)」は、必ずといっていいほどに金父子のどちらかのお言葉から始まる。今、手元にある『ミジェとイルチェのチョソンチムニャクサ(朝鮮侵略史)一九三〇—一九九〇年代　中学校　六』という教科書の「はじめに」は、

「偉大なる領導者金正日元帥様は、次のようにお話しなさいました。〈……学校で学生たちにわが国に対する米日帝国主義の侵略の歴史を体系的に教えることが、よろしいです〉」で始まっており、金正日とそのお言葉は太文字である。

北朝鮮の学校教育は万事が「金日成・金正日」なくしては、なりたたないのである。しかも、金日成は「太陽」であり、金正日は「光明星」であるから、明けても暮れても「金父子」だけの世界である。

このような「地上の楽園」で、「この世に羨むものがないほど幸せ」な子供たちは、学校に行って勉学に、課外活動にはげんでいるのだろうか。

北朝鮮の小学校の授業は通常、午前班と午後班の二部制になっており、例えば一週間のうち、一年生と三年生が午前班、二年生と四年生が午後班で授業し、次週には交代するという方法で運営されている。しかし、一九九〇年代に入り、深刻な食糧難と少子化などによって、入学児童の数が大幅に減ってきており、二部制をとっている小学校は少ないようだ。

授業は朝八時から始まり、一科目あたり四十五分の授業時間で、十分間休憩する。午前中に四科目を学び、途中で二十分間の「業間体操」がある。

小学校の授業は月曜日から土曜日までで、土曜日は「生活総和」の時間がある。これは一週間の生活の反省と、来週の生活に対する決意と覚悟を述べる時間である。この「生活総和」では、自分以外の学友の生活態度も批判しなければならないので、時には相互に不信感が生じることもある。この「生活総和」は、金父子に関する授業と同じで、いいかげんな言動は許されず、かなり苦痛を伴ったと、中朝国境で会った脱北者は言っていた。

草を肉に代えるウサギの飼育

小学校の試験は一年に二回、期末に実施し、最高点（五点）、優等（四点）、普通（三点）、合格（二点）、落第（一点）に区別される。学校によっては成績優秀者の顔写真を廊下に掲示しているところもある。小学校は三月に春休み（一週間）、八月に夏休み（二週間）、一〜二月中に冬休み六週間をとっている。

もっとも、北朝鮮の小学生にとって、夏休みや冬休みは、日本の小学生とはちがい、田舎にいる祖父母に会いに行くとか、家族で旅行することはほとんどない。毎日、宿題と「義務労働」を果たさなければならないのである。

北朝鮮は「教育と労働」の義務を定めている。小学校で二〜四週間、中学校は四〜十週間、大学生は十二週間である。したがって北朝鮮の学校教育においては、この義務労働が重要な役割を果たしており、とくに中学生や大学生たちの勤労支援活動は、北朝鮮経済の中で重要な部分を占めている。

それでは放課後や夏休み中に、どのような「義務労働」をしなければならないのだろうか。小学生はくず鉄拾いや、古紙回収などが主であるが、食糧不足が深刻になってきてからは、学校での「ウサギの飼育」が重要な義務労働の一つになってきた。

「ウサギの飼育」といえば聞こえはいいが、要するに小学生や中学生を動物観賞という美名のもとに、「草を肉に代える」食糧増産運動に駆り立てているのである。「草を肉に代える」とは、ウサギやヤギなどの草食動物を飼育し、大きくなったら「肉や乳、毛皮」などをとることで、これらの動物は豚や牛などと異なって飼育しやすく、場所も取らず、何よりも飼育費がかからないという利点がある。野山の草を採ってきて、ウサギ小屋で食べさせればいいので、学校での「ウサギの飼育」が大々的に行われているのである。

小学校四年生の国語、第三一課に「もっと多くのウサギを飼おう」の項目がある。

僕はウサギをもっと多く育てることについて討論しました。敬愛する首領金日成大元帥様は、次のように教示なさいました。
〈……青少年たちの中で、ウサギを育てる運動を力強くくりひろげなければなりません。ウサギの飼育は、国の経済に役にたち、労働を愛する精神を育てる良いことです〉
われわれ第一小組班では、昨年、皆が力を合せ百六匹のウサギを育てました。われわれはこの経験を生かし、今年は百五十匹のウサギを育てる目標を立てました。これはもちろん、易しいことではありません。しかし、われわれの胸中には決議目標を必ず実践する、熱い情熱がわきあがってきました。

　われわれはまず、ウサギをうまく飼育することについて、敬愛する首領様の教示と、偉大なる元帥様のお言葉を深く学習します。そしてウサギを飼育することが持つ意義を、確かなものにし、この仕事に一丸となって取り組みます。次にウサギの飼料を十分準備します。ウサギを沢山飼育しようとするならば、飼料が多くなければなりません。われわれは分工組織をうまく編成し、毎日、全ての同務（仲間）がいろいろなウサギの飼料を、採ってくるようにします。アカシヤの葉、萩の葉、大豆の殻、葛、大根の葉など、さまざまな草を上手に乾燥させ、冬などに備えます。

　また、われわれは母ウサギを上手に育てて、丈夫な子ウサギを産むようにします。そのためには、母ウサギを別に選んで、小太りするように育てます。冬季は寒くないように、オンドル（床暖房装置）を設置して穴も掘って育てます。そして母ウサギが早春から子育てが出来るようにします。これとともに、全ての仲間がさまざまな本を読みながら、ウサギを育てるための知識を広め、ウサギが罹る病気をすぐ知り、治せるようにします。このようにして、われわれは百五十匹以上のウサギを喜んで育て、偉大な領導者金正日元帥様に、喜びを奉げることを固く誓いました。

これは小学校でのウサギの飼育を語ったものであるが、小組の構成が数人として、百五十匹のウサギを飼育することは容易ではない。しかも、この飼育には一年中、責任をもってあたらなければならないのであるから、遊ぶヒマもないだろう。

このウサギの飼育は中学校も同じである。北朝鮮の「教育新聞」（二〇〇六年三月三十日）は、「ウサギは穀物の飼料を与えなくても、肉と皮が取れ、革製品を沢山作ることが出来る、生産性の高い家畜です。ウサギの飼育が食生活と軽工業の発展、冬季の服の問題の解決に重要です。平壌安岳中学校と、慈江道の城干中学校などの成果を伝え、各級学校ではウサギを飼育する運動を大々的にくりひろげなければなりません」そして「今こそ子ウサギの生産が本格的に進行する季節であり、母ウサギの栄養状態を改善し、防疫をうまく行い、春季のウサギの疾病を予《あらかじ》め防がなくてはなりません」と伝えているが、これは小学校四年生の国語の教科書と同じ内容である。

どうやら、北朝鮮の小学校や中学校では、教育の一環というよりは「食生活と軽工業の発展のため」にウサギの飼育が行われていることになるが、学校でのウサギの飼育だけで、食生活が改善され、軽工業を発展させることができるというのだろうか。いずれにせよ、小学生にとって「ウサギの飼育」は単なる課外活動ではなく、国家の食生活問題の解決にまで直結する、極めて重要な使命を帯びた活動となってくる。

学生を圧迫する無償労働

この課外活動や義務労働について、チャン・キホンの指摘は辛辣である。

北朝鮮のすべての学校がそうであるように、とくに高等中学校というところは勉強をする場所なのか、労働訓練所なのか、わかりづらい。ことあるごとに労力としてかりだされるが、それが授業と見なされるのである。一年のうちで三ヵ月は動員にかけられることが決まっている。これはほとんどが義務で、なんの報酬もない強制労働である。韓国で学生がそのくらいアルバイトをしたとするならば、一年の学費にお釣りがくるほどである。

北朝鮮では、学生がいなければ農作業は成り立たないくらいである。学生たちはまた「良いことをする運動」というのに、かりだされたりもする。厳しい寒さが過ぎて温かくなり始めると、稲穂を拾い集めたり、畑でネズミの穴を見つけたりしなければならない。このように××運動だといえば必ず学生に動員がかけられるが、そのたびに各自に配当だとか割当てがあって、能力以上にノルマが課せられる。

このように万事に学生に動員がかけられるが、これは少なくともこの国に生まれた青少年であれば必修科目なのである。学校なのか労働訓練所なのか、まったく区別がつかないほどなので、いったい教育とは何なのか考えざるをえない。

（チャン・キホン『北朝鮮生活――カメラに映らない「北」の市民社会』）

チャン・キホンの「なんの報酬もない強制労働である。韓国で学生がそのくらいアルバイトをしたとするならば、一年の学費にお釣りがくるほど」という指摘は、北朝鮮が喧伝する「教育の無償制度」がいかに、欺瞞に満ちた、偽りのものであるかということを教えてくれる、貴重な証言である。

北朝鮮は全社会の文化技術水準を高めるために「全般的無償義務教育制」を実施しているというが、この「無償の義務教育」の根拠は、「朝鮮民主主義人民共和国教育法」の第二章第一六条に、「教育機関は学生または彼らの父母や保護者から入学、授業、実習、見学、踏査と関連した料金をとることはできない」と定めていることを拠り所としている。

しかし、実情は学費や学校運営費などは国家が負担するようにしているが、教科書や学用品まで無料ではなく、個人が負担するようになっている。これでは完全なる「教育の無償制度」ではない。しかも重要な問題は、入学金や学校運営費などを、「学生または彼らの父母や保護者から徴収しない」と、うたっているにもかかわらず、チャン・キホンの指摘のように、児童や学生たちに「一年の学費にお釣りがくるほど」の無償労働を強いていることである。

しかも、各種名目の賦課金を負担しなければならないのである。ふたたびチャン・キホンの話を引用する。

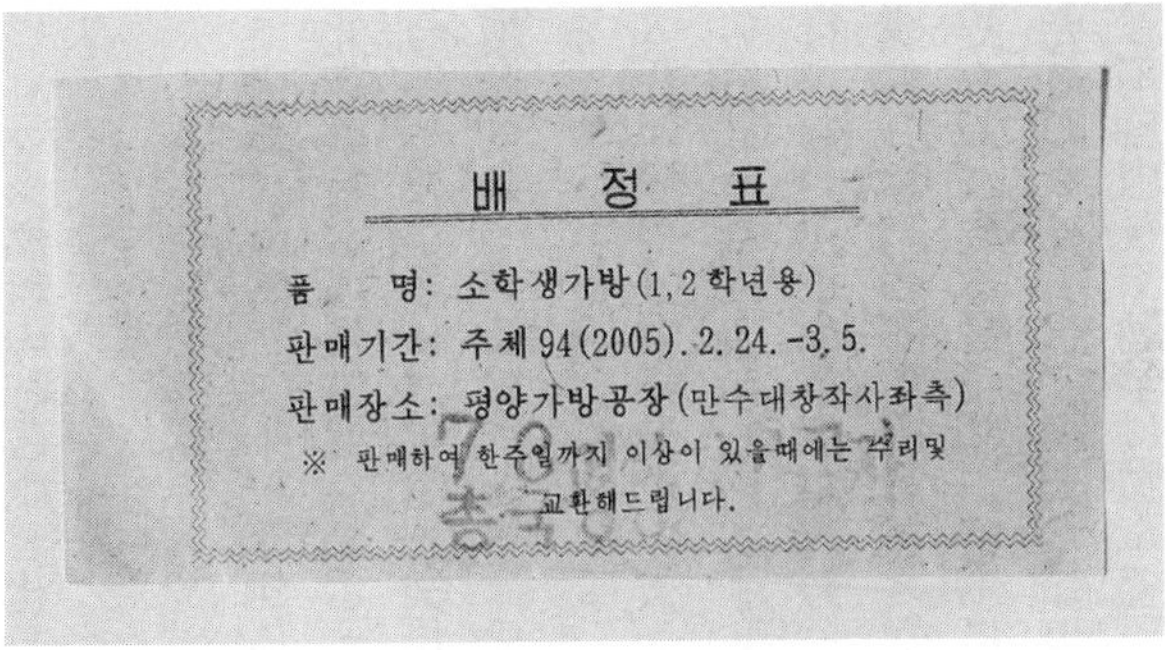

배　정　표

품　　명: 소학생가방(1,2학년용)

판매기간: 주체94(2005).2.24.-3.5.

판매장소: 평양가방공장(만수대창작사좌측)

※ 판매하여 한주일까지 이상이 있을때에는 수리및 교환해드립니다.

かばんの配定（配給）票

北朝鮮では食糧の問題だけが深刻なのではない。食べるものから始まって燃料にいたるまで、すべてが不足しているので、みんなたいへんな思いをしている。都市の学校以外、つまり町の学校や田舎の学校では、学校みずからが燃料を調達しなければならないのである。当然そのツケは学生に回ってくる。

学生たちは昼間は学校で勉強をし、夕方になると学校内で組織化されている学級別に、トウモロコシの根を掘りに行く。これにも、もちろん各自の割当量がある。

畑でトウモロコシの根を掘り出して、きれいに土をはらってから学校まで背負って運んで積んでおき、それを乾かしておいて寒い冬に教室で燃やすのである。越冬の準備に学生たちの労働力が一〇〇パーセント発揮され、したがって学校は冬が近づくにつれてトウモロコシ燃料の貯蔵庫と化してしまう。

（チャン・キホン　前掲書）

虚偽に満ちた「十一年無償教育制度」を、北朝鮮当局は「医療の無償制度」と同じく、北朝鮮社会の優位性を誇示するために、ことあるごとに強調し、喧伝しているが、実際は今述べたように、学生と父母にとって、教育は無料どころか、ますます教育費用の負担は増してきているのである。そしてその負担は都市よりも、地方の学生ほど多くなるのである。

北朝鮮では教科書すらまともに買えず、学校に行きたくとも行けない児童や学生が大勢いる。それにもかかわらず北朝鮮の教科書は「南の地」（韓国）では、貧しくて学校にも行けない児童や学生が大勢いると教えている。教育現場の教師は事実を知りながらも、事実通りに教えることのできないジレンマを抱えながら授業を行っているのだろうか。もし、そうだとするならば、学生にとっても、教師にとっても悲劇である。北朝鮮の学生や教師たちの大部分は、偉大な領導者金正日元帥様の御慈悲と御配慮により、「学生たちは何一つ不自由なく勉学に励んでいる」とは思っていないだろう。

あとがき――「死せる金日成、生ける金正日を走らす」摩訶不思議な国

北朝鮮を理解するキーワードに「テールルイオソ（代を継いで）」がある。これは金日成によって作られた北朝鮮という国の後継者を、金日成の長男である金正日に世襲させ、革命達成のための偉業を継続していくというものである。一九七三年九月に開催された朝鮮労働党中央委員会第五期七次全員会議で、金日成の「唯一の世襲後継者」として金正日が決定された。息子が父の権力を受け継いだ時の理由は「世襲批判は当たらない。金正日同志だけが首領の思想を受け継ぐ資質を備えている。余人を以って代え難い」というものだった。

その後、権力の中枢に登場してきた金正日の指示によって、七四年四月に発表された「党の唯一思想体系確立の十大原則」で、金日成を神格化、絶対化し、金日成から金正日への世襲後継を既成事実化させ、そのための作業が本格化した。

金父子に対する絶対的な服従を明文化し、忠誠を誓わせると共に、この時から金日成の発言は「マルスム（お言葉）」や「教示」となり、「法律」となった。

北朝鮮の教科書は、この「代を継いで」北朝鮮式社会主義革命の偉業を成し遂げるために、人民のために日夜奮闘している金父子の偶像化、絶対化の思想教育の道具として利用されることになった。曰く金父子は類稀なる「全知全能」の超能力者であるとともに、恩徳の情に満ちた慈悲深い偉大な指導者であることを、幼稚園から教育しはじめたのである。「三つ子の魂百まで」ではないが、自分の両親の名前を書く前に、金父子の名前を覚えなければならなかった。教科書は教育の現場である学校における思想教育の、もっとも有効な手段として存在してきた。

目的はただひとつ

この金日成・金正日父子と金正日の母親である金正淑を絶対化・偶像化・神聖化するために存在する、北朝鮮の小学校の教科書の中でも、「国語」と「音楽」の内容は驚くべきものであった。

小学校一年生から四年生までの国語の単元（項目）数は、総数で二百四十八。このうち

「金日成大元帥様」の個人崇拝・神聖化などを扱った単元数は六十九、「金正日元帥様」の個人崇拝や神聖化に関する単元数は七十九。二人がダブって記述されている単元もあるが、二人を扱った単元だけで百四十八となり、これに加えて金正淑や金日成の父母や叔父などを扱った単元が二十近くあり、金一族の記述だけで約七割ちかくになる。このほかに社会主義農村や朝鮮労働党、地主を扱った単元が十五、悲惨な南の地（韓国）を扱った単元も五あった。同じことは音楽の教科書の単元にも見出すことができた。

このことからも北朝鮮の小学校の教科書は、何度も指摘するように、極言するならば金日成・金正日父子の神聖化・偶像化のためにだけ存在するものであった。このために教科書の内容は歴史的事実や客観性を完全に無視した、荒唐無稽で奇想天外な内容からなる、「作り話」や「創作文」であった。

さらには、「イルチェノム（日帝野郎）」や「ウエノム（倭奴）」の卑称に飽き足らず、悪徳な「イルチェチジュノム（日帝地主野郎）」や「イルチェスンサノム（日帝巡査野郎）」、「イルチェクニンノム（日帝軍人野郎）」まで登場させて、日本植民地時代における日本人の悪逆非道な行為と、この悪辣な「イルチェノム」をやっつけた（殺した）金父子や金正淑を偉大な人物として、その存在を正当化している。

各単元では金日成・金正日の名前の前には必ず「偉大なる指導者」などの尊称（呼称）が付けられた。「朝日新聞」（二〇〇三年十一月二十四日）に次のような記事が出ていた。

――魅惑的な呼称１２００　■金正日総書記――

「21世紀の太陽」「無敵の将軍」「哲学の巨匠」……。北朝鮮の国営朝鮮中央通信は最近、金正日総書記の呼称は公開されたものだけで１２００以上に上ると報じた。

同通信は外国の著名人などによって「魅惑的な呼称」が絶えず生みだされたと説明。ジンバブエのムガベ大統領は「思想理論の英才」「領導芸術の大家」とほめたたえたなどと伝えている。

また、「人類の太陽」「希望の太陽」「チュチェの太陽」など「太陽」入りの呼称だけで50余になるという。

金正日の呼称は増え続けているようだ。

そして、修飾呼称の大乱舞が始まった。一九七六年までは「党中央」「親愛なる指導者同志」「革命偉業の継承者」「革命の嚮導星」だったが、年々凝りに凝った呼称がふえる。……この調子でまだまだ乱作されるはずだが、飾られればそれだけ空虚なひびきとなるのは避けられない。（全富億『金日成の嘘』）

一学年の教科書に使用される金日成と金正日の呼称だけを集めると、優に一単元の文章ができるほどの量である（一つの単元に「偉大な金日成大元帥様」が十二カ所出てくるものもある）。異常と言うべきか。それとも日本の教科書のように「オールカラーなのでビジュアルを重視します。つまり、写真をたくさん入れる分、字が減ってい」（『論座』二〇〇七年一月号）るのが異常なのだろうか。

独裁国家の証明

また、「南の地（韓国）」では、子供たちが学校にも行けない、悲惨な生活を強いられているのに、北朝鮮の子供たちは何不自由なく、幸せな学校生活を過ごしている、と絵に描いた餅のような単元もある。事実はその逆であり、韓国から北朝鮮へ教科書の用紙が寄贈されていることは、知らされていない。

北朝鮮の教科書の記述が、事実無根の「他愛のないもの」と、一笑に付すのは簡単であるが、これだけ徹底して反日・嫌日および反米・嫌米思想教育が行われているのは、それだけ金日成・金正日父子の北朝鮮における存在理由を肯定し、立証する資料や証拠がないからである。そして、このような一方的な価値観に基づく教育が行えるのは、北朝鮮が金日成・金正日父子の恐怖政治による独裁国家だからである。金父子は「教育と医療の無償制度」を、自らの体制優位の道具として喧伝しているが、教育は無償でもなければ、教育内容も自らの存在を肯定させるためのものに過ぎない。

このような特性（限界）を持つ北朝鮮の教科書から、北朝鮮の教育論や教科書論を論じることは賢明ではない。本書はあくまでも北朝鮮の小学校の教科書の特異性と、そこで扱われている「日本」「日本人」の記述を紹介したものである。

北朝鮮の教科書を入手することは困難であるが、「不幸中の幸い」なことに、北朝鮮では教科書は毎年更新されることはないので、数年前の教科書が現在でもそのまま使われている。二〇〇六年の三月発行の『朝鮮新報』に「教科書を一新、試験方法も改善」という見出しで、北朝鮮で英才教育を行っている、全国の第一中学校の教科書が八年ぶりに更新されることになった、という記事が出ていたので、さっそく中朝国境の朝鮮族のブローカーに入手を依頼した。返事は「紙不足」の北朝鮮がはたして、どれだけ新しい教科書を印刷するのか見当も付かないし、また印刷されたとしても、新しい教科書を国境付近の学校から入手するのは難しいとのことだった。

筆者の研究室には、六年前の小学校二年生の黒ずんだ馬糞紙でできた国語の教科書がある。各ページのところどころに穴が開いていたり、印刷が薄れており、文字を読み下すのも容易ではない。また、奥付も表紙もなく、それこそ「くさい臭いがする、気持ち悪い」と、目ざとく見つけた人から酷評される、ボロボロになった教科書も数冊あるが、手にしてよく見てみると、何人かの筆跡の違ったいたずら書きがある。筆者にはこのような「手垢」の付いた、この本の所有者の息遣いが伝わってくる教科書こそが、たまらない魅力であり、宝でもある。今後ともこの「宝」であり、貴重な「北朝鮮の生きた証人」でもあるこの教科書を、共著者の宮塚寿美子に分析してもらいたいと思っている。

本書の執筆に当たっては、主に翻訳を宮塚寿美子が、解説を宮塚利雄がそれぞれ分担したが、互いの知識と意見を出し合って、ようやく書き上げることができた。宮塚寿美子は二〇〇五年に北朝鮮を訪問した際に、名門の金成柱小学校を見学する機会を得ることができ、以来、北朝鮮の教育について関心を持ち続け、資料の蒐集も行ってきた。また第一章六項の「小学校の音楽教科書」については、平塚市立大野中学校教諭で音楽を担当している野牧雅子先生に、専門的な立場から記していただいた。

本書を執筆するに当たっては多くの方からの協力をいただいた。筆者と長年の北朝鮮グッズの取引関係にある中朝国境の朝鮮族の朴氏、韓国で北朝鮮からの教科書入手に尽力いただいた畏友の申仁洙さん。それと朝鮮専門書店レインボー通商の宮川淳社長からは、多くの資料の提供と助言をいただいた。また、野牧雅子先生の叱咤激励がなければ、本書は完成しなかった。最後に本書を世に出してくださった文春新書の編集部、写真部の森健太郎さんにも、記して深謝したい。

二〇〇七年二月十六日　金正日総書記六十五歳の誕生日に　茅ヶ崎の寓居にて

宮塚利雄

宮塚利雄（みやつか としお）

1947年、秋田県生まれ。高崎経済大学卒業後、韓国・慶熙大学校大学院修士課程、檀国大学校大学院博士課程修了。現在、山梨学院大学教授。著書に『北朝鮮観光』『アリランの誕生』『パチンコ学講座』『北朝鮮の暮らし』など多数。

宮塚寿美子（みやつか すみこ）

1980年、ソウル生まれ。立命館大学文学部日本文学科卒業後、韓国・明知大学校北朝鮮学科大学院修士課程修了。同大博士課程在籍中。現在、韓国の大学、政府機関で日本語講師をしながら北朝鮮社会の分析・研究を続けている。

文春新書

557

北朝鮮《きたちょうせん》・驚愕《きょうがく》の教科書《きょうかしょ》

2007年(平成19年)2月20日　第1刷発行

著　者　宮塚利雄
　　　　宮塚寿美子
発行者　細井秀雄
発行所　株式会社 文藝春秋
〒102-8008　東京都千代田区紀尾井町3-23
電話 (03) 3265-1211 (代表)

印刷所　理想社
付物印刷　大日本印刷
製本所　大口製本

定価はカバーに表示してあります。
万一、落丁・乱丁の場合は小社製作部宛お送り下さい。
送料小社負担でお取替え致します。

ISBN978-4-16-660557-6

◆日本の歴史

日本神話の英雄たち　林 道義
日本神話の女神たち　林 道義
ユングでわかる日本神話　林 道義
古墳とヤマト政権　白石太一郎
一万年の天皇　上田 篤
謎の大王 継体天皇　水谷千秋
謎の豪族 蘇我氏　水谷千秋
女帝と譲位の古代史　水谷千秋
孝明天皇と「一会桑」　家近良樹
四代の天皇と女性たち　小田部雄次
象徴天皇の発見　今谷 明
対論 昭和天皇　原 武史・保阪正康
平成の天皇と皇室　高橋 紘
皇位継承　高橋 紘・所 功
美智子皇后と雅子妃　福田和也
ミッチー・ブーム　石田あゆう

＊

旧石器遺跡捏造　河合信和
消された政治家 菅原道真　平田耿二
天下人の自由時間　荒井 魏
江戸の都市計画　童門冬二
江戸のお白州　山本博文
徳川将軍家の結婚　山本博文
物語 大江戸牢屋敷　中嶋繁雄
伊勢詣と江戸の旅　金森敦子
合戦の日本地図　武光 誠・合戦研究会
大名の日本地図　中嶋繁雄
名城の日本地図　西ヶ谷恭弘・日竎貞夫
県民性の日本地図　武光 誠
宗教の日本地図　武光 誠
吉良上野介を弁護する　岳 真也
黄門さまと犬公方　山室恭子
倭 館　田代和生
高杉晋作　一坂太郎
白虎隊　中村彰彦
新選組紀行　中村彰彦・神長文夫

＊

岩倉使節団という冒険　泉 三郎
海江田信義の幕末維新　東郷尚武
福沢諭吉の真実　平山 洋
渋沢家三代　佐野眞一
日露戦争 勝利のあとの誤算　黒岩比佐子
鎮魂 吉田満とその時代　粕谷一希
大正デモグラフィ　速水 融・小嶋美代子
旧制高校物語　秦 郁彦
守衛長の見た帝国議会　渡邊行男
日本を滅ぼした国防方針　黒野 耐
ハル・ノートを書いた男　須藤眞志
昭和史の論点　坂本多加雄・秦 郁彦・半藤一利・保阪正康
昭和史の怪物たち　畠山 武
「昭和80年」戦後の読み方　中曾根康弘・西部 邁・松井孝典・松本健一
二十世紀日本の戦争　阿川弘之・猪瀬直樹・中西輝政・秦 郁彦・福田和也

◆政治の世界

美しい国へ　安倍晋三
政官攻防史　金子仁洋
連立政権　草野　厚
癒しの楽器 パイプオルガンと政治　草野　厚
代議士のつくられ方　朴　喆熙
農林族　中村靖彦
牛肉と政治 不安の構図　中村靖彦
Eポリティックス　横江公美
日本のインテリジェンス機関　大森義夫
首相官邸　江田憲司　龍崎　孝
永田町「悪魔の辞典」　伊藤惇夫
知事が日本を変える　浅野史郎　北川正恭　橋本大二郎
総理大臣とメディア　石澤靖治
田中角栄失脚　塩田　潮
政治家の生き方　古川隆久
昭和の代議士　楠　精一郎

＊

日本国憲法を考える　西　修
日本の司法文化　佐々木知子
司法改革　浜辺陽一郎
憲法の常識 常識の憲法　百地　章
アメリカ政治の現場から　渡辺将人
駐日アメリカ大使　池井　優
非米同盟　田中　宇
第五の権力 アメリカのシンクタンク　横江公美
アメリカに「NO」と言える国　竹下節子
CIA 失敗の研究　落合浩太郎
ジャパン・ハンド　春原　剛
道路公団解体プラン　加藤秀樹と構想日本
密約外交　中馬清福
常識「日本の安全保障」　『日本の論点』編集部編
拒否できない日本　関岡英之
夢と魅惑の全体主義　井上章一

◆世界の国と歴史

民族の世界地図　21世紀研究会編
新・民族の世界地図　21世紀研究会編
地名の世界地図　21世紀研究会編
人名の世界地図　21世紀研究会編
常識の世界地図　21世紀研究会編
イスラームの世界地図　21世紀研究会編
色彩の世界地図　21世紀研究会編
食の世界地図　21世紀研究会編
ローマ人への20の質問　塩野七生
ローマ教皇とナチス　大澤武男
物語　古代エジプト人　松本　弥
物語　オランダ人　倉部　誠
物語　イギリス人　小林章夫
決断するイギリス　黒岩　徹
ドリトル先生の英国　南條竹則
英国大蔵省から見た日本　木原誠二

森と庭園の英国史　遠山茂樹
フランス7つの謎　小田中直樹
ナポレオン・ミステリー　倉田保雄
NATO　佐瀬昌盛
変わる日ロ関係　安全保障問題研究会編
揺れるユダヤ人国家　立山良司
パレスチナ　芝生瑞和
イスラーム世界の女性たち　白須英子
サウジアラビア現代史　岡倉徹志
不思議の国サウジアラビア　竹下節子
ハワイ王朝最後の女王　猿谷　要

＊

戦争学　松村　劭
新・戦争学　松村　劭
名将たちの戦争学　松村　劭
ゲリラの戦争学　松村　劭
戦争の常識　鍛冶俊樹
職業としての外交官　矢田部厚彦

二十世紀をどう見るか　野田宣雄
首脳外交　嶌　信彦
目撃　アメリカ崩壊　青木冨貴子
テロリズムとは何か　佐渡龍己
ローズ奨学生　三輪裕範

＊

歴史とはなにか　岡田英弘
歴史の作法　山内昌之
大統領とメディア　石澤靖治
ユーロの野望　横山三四郎
旅と病の三千年史　濱田篤郎
旅行記でめぐる世界　前川健一
世界一周の誕生　園田英弘
セレブの現代史　海野　弘

(2006. 12)　B

◆アジアの国と歴史

「三国志」の迷宮　山口久和
権力とは何か　中国七大兵書を読む　安能　務
中国人の歴史観　劉　傑
アメリカ人の中国観　井尻秀憲
取るに足らぬ中国噺　白石和良
中国名言紀行　堀内正範
中国の隠者　井波律子
蔣介石　保阪正康
中国の軍事力　平松茂雄
「南京事件」の探究　北村　稔
中国はなぜ「反日」になったか　清水美和
中国共産党　葬られた歴史　譚　璐美
中華料理四千年　譚　璐美
道教の房中術　土屋英明
中国艶本大全　土屋英明
上海狂想曲(仮)　高崎隆治

＊

韓国人の歴史観　黒田勝弘
〝日本離れ〟できない韓国　黒田勝弘
日本外交官、韓国奮闘記　道上尚史
韓国併合への道　呉　善花
竹島は日韓どちらのものか　下條正男
在日韓国人の終焉　鄭　大均
在日・強制連行の神話　鄭　大均
韓国・北朝鮮の嘘を見破る　近現代史の争点30　鄭　大均　古田博司編著
歴史の嘘を見破る　日中近現代史の争点35　中嶋嶺雄編著
物語　韓国人　田中　明
「冬ソナ」にハマった私たち　林　香里
テポドンを抱いた金正日　鈴木琢磨
拉致と核と餓死の国　北朝鮮　萩原　遼
アメリカ・北朝鮮抗争史　島田洋一
東アジア「反日」トライアングル　古田博司
還ってきた台湾人日本兵　河崎眞澄
インドネシア繚乱　加納啓良

◆経済と企業

(2006.12) C

文春新書好評既刊

鄭《てい》大均《たいきん》・古田博司編
韓国・北朝鮮の嘘を見破る
近現代史の争点30

被害者意識に凝り固まり、誤った歴史認識を押しつける韓国・北朝鮮も、これで降参。明快な史実を提示、難敵を論破する痛快な問答集
520

鄭大均
在日韓国人の終焉

韓国への帰属意識も外国人意識も稀薄。この不幸な宙ぶらりん状態は帰化で解消しよう、という在日のあり方への真摯な問題提起の書
168

鄭大均
在日・強制連行の神話

在日は戦前強制連行されてきた人々とその末裔だとする主張がある。が、一世の証言に丹念にあたれば、それは虚構にすぎないことが分る
384

古田博司
東アジア「反日」トライアングル

中華思想復活の中国、小中華の韓国、カルト国家・北朝鮮。反日の根源をたどり、各国の言い掛かりを論破。東アジアに共生共存の可能性をさぐる
467

黒田勝弘
〝日本離れ〟できない韓国

「過去を反省していない日本」という反日理論を守るため、韓国政府とマスコミが隠し続けてきた日韓国交正常化後四十年の「成果」
516

文藝春秋刊